増補改訂版

コミュニケーションと日常社会の心理

100 のエピソードから読み解く

中島純一 著

金子書房

まえがき――増補改訂版に寄せて

コミュニケーションと聞いて、あなたは何を連想するだろうか？　対面の会話や、誰かと連絡をとる、自分の気持ちを伝えること、などを考える方が多いのではないだろうか。またその一方で、今日の私たちの生活に深く浸透しているネットやモバイル（スマホ、ケイタイ等）によるＳＮＳやコミュニケーション・ツールでのやりとりをあげる方たちも多いことだろう。このように、改めて日常におけるコミュニケーションのことを考えてみると、アナログな対面的コミュニケーションをはじめとして、ネットやスマホによるデジタル・コミュニケーションなど、さまざまなコミュニケーションに囲まれていることに気づくだろう。

本書は、旧版『コミュニケーションと日常社会の心理』で展開された、日常面で生起する新たなコミュニケーションやコミュニケーション・プロトコルが誕生し定着してくるなかで、それらのコミュニケーションの先に垣間見える人々の営みや息づかいを探ろうとするものである。いわば、本書で紹介された千差万別の新たなコミュニケーションの広がりに伴う人々の意識や心理を、読者のみなさんに感じたり発見したりしていただくことをめざしている。

この増補改訂版では、ここ十余年のコミュニケーション分野における大きな変化を踏まえた上で、さらに新たなテーマのコミュニケーションにも注目して、旧版をベースにしながらも、個々のテーマについての全面的な書き直しや、新たに書き下ろしたものである。

本書の特徴は、大きく三つあげられる。一つは、旧版刊行当時から要望の多かったジャンル別にテーマを分類整理して系統化したことである。さまざまなトピックの関連性が明確になるようあげてみた。本書では十四の大きなジャンルに分類し、一〇〇題のテーマがあげられている。最初に、今日最もコミュニケーション・メディアとして、人々に親しまれ、まるで身体の延長線上にあるかのような一体化したモバイルメディア（スマホやケイタイ、タブレット等）、インターネット関連のコミュニケーションであるＣＭＣ（Computer Mediated Communication：インターネットの普及によりデジタル空間でやりとりされるＳＮＳやコミュニケーション・アプリなどに代表されるコミュニケーション）、くちコミなどをあげてみた。その後は、通常のコミュニケーションのレベル別の分類である、個人から集団、異文化と続く。そのほか、コミュニケーションには欠かせないと思われる流行現象、アフォーダンスなども独立したジャンルになっている。また実践的で具体的な日常のコミュニケーション技法や、新技術とコミュニケーションといった旧版になかった新たな視点からのコミュニケーションについてもあげてある。

また二つ目は、これは前著から継承したものだが、見開き二頁で読み切りとなっている。右側に各テーマの具体的なエピソードを、左側にその解説を載せている。例えば学生や若き研究者などが、興味のあるところを、拾い読みすることなどが可能となっている。さらに深く学びたい方には、巻末に各テーマについての参照文献をあげてある。またコミュニケーション全般については、参考文献に旧版以降の代

まえがき

表的なものはあげてある。

そして三つ目は、コミュニケーションというとらえがたい姿や形の見えない現象を、できる限りわかりやすく平易に書いてみた。まさにコミュニケートする時の基本のマナーに基づいたものである。

私たちの周りにこれほどさまざまな形のコミュニケーションがあること、そしてこんなこともコミュニケーションなのかということへの気づきと、それらの新たなコミュニケーションの背景には、人々の息づかいや日常生活の営みが感じられることへの気づきをもっていただければ幸いである。

最後に今回は、いくつかのエピソードにも出てくる愛猫にも、イラストで登場してもらった。イメージ通りの挿絵を描いていただいた中島由美子さんに感謝したい。

中島　純一

旧版の巻頭から

＊以降の内容は、旧版の巻頭にある「オアシスの先にあるもの――まえがきに代えて」の一部を書き直したものである。

　コミュニケーション研究の第一人者と目されたウィルバー・シュラムは、コミュニケーションという現象のもつとらえがたい曖昧模糊とした実情を、砂漠の中の〝オアシス〟に例えて述べている。オアシスはあらゆる旅人が立ち止まりこそすれ、滞在することはほとんどない場所である。かつてそこにはさまざまな学問分野からの旅人が訪れたと述べて、コミュニケーション研究初期の代表的な理論と研究者をあげている（テーマ番号100）。

　そしてこのようなさまざまな分野からの旅人は、オアシスに滞在してコミュニケーションの本質を解明すべく、その先にあるユートピアをめざしたにもかかわらず、結局到達することはなかった。つまり確固たるコミュニケーション理論の構築は実現できなかったのである。それはコミュニケーションのもつ特異な性質のためでもあるとシュラムは述べている。(1) コミュニケーション研究の難しさを、果てもなく続く荒涼とした砂漠に例え、やっと見つけたと思って一息つけるオアシスに到着したところ、そこには求めるユートピアは見つからず、また再び新たな旅に出るという。オアシスの先を求めての旅である。

コミュニケーションは、その言葉のもつ多義的特性や曖昧さなどと相まって、研究の対象、そのとらえ方の視点、方法論など、それぞれにおいて多種多様で独自のスタイルが数多く存在し、なかなかとらえがたい。いわばオアシスの先に見える蜃気楼のごとく、行けども行けども手にしてつかむことのできない幻の虚像のようでいて、それでいてリアルで常に身近に息づく不思議な存在でもある。

今日のCMCの急速な広がりによって、コミュニケーションを取り巻くこのような曖昧さと多義性はさらに広がることになる。かつては便箋と封筒によって行われていた手紙が、今ではスマホやケイタイで一瞬にしてやりとりできる時代になってきた。いわゆる時と場所を選ばないユビキタス的特性である。このような新しいコミュニケーション方式の出現が、私たちの思考や行動にも大きな影響を与えて、今までには見られなかった新しいコミュニケーション・プロトコルを形作っている。

本書では、このような特有の状況を踏まえた上で、一般的な広義のコミュニケーションの位置づけ――〝およそ人の営みに関わるものすべて〟の認知活動や社会行動を解明するもの(2)――に従って、私たちの日常の中で生起するさまざまなコミュニケーション現象に注目しようとするものである。新たなコミュニケーション・プロトコルが次々と生まれているCMCのような新世代のコミュニケーション現象は言うまでもなく、従来見落としされがちであった、日常のごくありふれた人々の営みの中で見られる、さまざまなフェーズに新たに生起しているコミュニケーション現象にも注目してみたい。

日常の人の営みの中で発生するさまざまなコミュニケーションを見つけ出す行為は、あたかも〝コミュニケーション・ハンティング〟とでも呼ぶべき一つの小さな試みであり、新たなチャレンジでもある。人を取り巻く現代的環境の中で、どのようなコミュニケーションが発生し定着し、そして固有のルールやプロトコルを形成しているのか、そしてそれはなぜなのか、その向こうに垣間見える人々の息づかいや意識は何かといった視点から、さまざまなフェーズのコミュニケーション現象をとりあげてみたい。

そしてシュラムの述べた〝オアシスの先にあるもの〟とは何かを、それは単なる蜃気楼なのか、それとも実態をもつコミュニケーションの世界なのかを、常に念頭に置きながら、新たにコミュニケーション発見の旅に出てみよう。

【註】

（1）以下を参照。
Schramm,Wilbur 1980 Paradim Lost in Commumication Theory:Eastern and Western Perspectives, Edited by D. L. Kincaid & Akira Tsujimura〔中島純一訳 1990 コミュニケーション理論の東西比較 日本評論社〕

（2）以下を参照。
橋本良明編著 1997 コミュニケーション学への招待 大修館書店
竹内郁郎・児島和人・橋元良明編著 1998 メディア・コミュニケーション論 北樹出版

目次

目　次

目　次

集団・集合行動

流行現象

目　次

増補改訂版　コミュニケーションと日常社会の心理

100のエピードから読み解く

1 スマホに依存する私たち

最近のスマートフォンの普及ぶりは目を見張るものがある。特に二〇一〇年アップルのiPhoneの大ヒット以来、その広がりはとどまるところを知らず、二〇一八年調査では、二〇代では九四・五％、三〇代で九一・七％と大半の人が所有する高い占有率となっている（総務省、二〇一八）。これだけ普及すると、今まで想定されなかったさまざまな場面が出現する。例えば大学の講義の最中でも、四六時中スマホを触る学生たち、あるいは電車の中では、乗客の多くが一斉に静かにスマホを操作しているシーンを目にする人たちも多いことだろう。コミュニケーション・アプリのＬＩＮＥで連絡をとったり、動画投稿サイトを見たり、ゲームをしたり、ＧＰＳ機能を使ってマップを見たりと、実に多種多様なアプリがあり飽きさせることがない。みなさんも、何かわからないことがあったら、検索サイトですぐに調べたりするのではないですか？　これだけさまざまなことが、スマホでできてしまうと、その利便性から肌身離さず身体と一体化したメディアとなり、その依存性も高くなりやすい。そして近年その依存性からさまざまな問題が発生することが報告されている。歩きながら見続ける歩きスマホ、その結果他人やモノとぶつかったりする。駅のホームではスマホに夢中になってホームから転落してしまったり、中にはクルマの運転中にスマホを触り、重大な事故を起こしてしまったりするケースすら発生している。また夜遅くまで寝る間も惜しんで友達とＬＩＮＥなどのコミュニケーション・ツールで話を続けたり、対戦型ゲームなどにはまってしまう若者も多い。そしてその結果、大幅な睡眠不足となり、学校や会社への遅刻や欠席、重要な会合や約束への不参加という社会的な関わりあいにおいて、信頼関係を失ってしまうという大きな問題も発生する。スマホが常時身体と一体化して、分離不安を引き起こす「スマホ依存症」は、現代では決して他人事ではない大きな問題である。

解説　スマホ依存症を考える

メディアと依存症との関係は、すでに一九八〇年代に指摘されていた。当時はパソコンとの関係においてテクノストレスと呼ばれていた。そして九〇年代半ばのWindows95の登場以来、一気にインターネットが普及する。それに伴いネット依存症が生まれ、臨床心理学者のキンバリー・S・ヤングが初めてインターネット中毒という言葉を使った。二〇〇〇年に入るとケイタイの広がりと共に、ケイタイ依存症が生まれる。スマホ依存症は、このケイタイ依存症の延長線上にあるものだが、それまでのメディア依存症とは大きく異なる点が二つある。それは、パソコンとケイタイを一体化したかのような特性をもっているということ。つまりケイタイ並みに小型で手のひらで操作できるハンディ性と、パソコン並みの豊富なアプリがあることから、両者の依存症の特性を継承しているという点である。また二つ目には、スマホが登場して以来、それまでケイタイのメールくらいしかなかったコミュニケーション・アプリが充実してきたことである。ケイタイに比べて、大型の見やすい液晶画面は、それらのアプリの広がりに拍車をかけた。ＬＩＮＥを代表とするコミュニケーション・ツールは今では欠かせないものになっている。そしてこれらを使って日常的に接している家族や仲間、友人たちと、常時つながり意識をもって、日常のリアルな人間関係と同時に、デジタル上の仮想空間での密着した人間関係をもキープしているのである。このつながりの強制力が、常時接せざるをえないスマホ依存症の原因の一つでもある。特に中高生の若い人たちにこのような現象はみられる。今後のこのスマホ依存症に対する対策が望まれるところである。

2 スマホと速度

スマホを使って日常的にコミュニケーションをとる現代人。特にコミュニケーション・アプリとして人気が高いのがＬＩＮＥである。その他さまざまなコミュニケーション・アプリがあるが、パソコン通信あるいはインターネット黎明期から親しまれているのが、インターネット・サービス・プロバイダー（ＩＳＰ）が提供している一般的な「メール」である。ほかにもGoogleが提供しているＧメールなどのフリーメール、携帯電話各社が提供しているキャリアメール、ＳＭＳ（Short Message Service）や、Ｗｅｂメールなど多岐にわたる。

現代ではスマホは常時肌身離さず持ち歩くメディアとなっており、ＬＩＮＥはいつでもどこでも複数でも一対一でもさまざまな形でやりとりでき、まるで対面で会話をしているかのような日常的なコミュニケーション・ツールになっている。その上、電車内でも歩いている時でも、いつでも返信できるのがメリットである。またユニークでかわいいスタンプが数多くあり、スタンプ一つで気持ちや返信代わりになることなども人気の理由の一つでもある。このように、同期性が高く常時密着型となっている点からプライベートに使用されることが多いのが特徴。

それに対して一般メールは会社での使用や大学から学生への連絡に用いられるなど、公式に使われることが多いのが特徴である。それゆえコミュニケーション・アプリに対して、時間をおいて返信することがある程度許容される「非同期性」という点が特徴である。ＬＩＮＥでは、あたかも会話しているかのようにそのシンクロ性は高い。しかもその内容は、非用件通知といわれるごく日常的な会話の延長にすぎないことが多い。さらに驚くのは、日常的に頻繁に会っている人を相手にしたやりとりが最も多いとされる点である。若い世代に典型的な常時密着型のコミュニケーション・アプリは、当然ながら恋人や親しい者同士でも必需品となる。スマホを忘れたら会社や学校に遅れてでも、一目散に取りに戻る姿にはうなずける気がする。

解説　CMCにおける速度の要素

今日インターネットやモバイル（スマホやケイタイ）の著しい普及によって、これらの新たなメディアによるコミュニケーションが注目されるようになってきた。LINEのようなコミュニケーション・アプリには、Twitter、Facebook、写真をメインとしたInstagramなど新しいスタイルが次々と登場している。また一般に、メールと呼ばれるさまざまなコミュニケーション・ツールが百花繚乱となっている。コンピューターを介したこれらのコミュニケーションは、CMCと呼ばれる。常時持ち歩くスマホにおいては、親しい友人とのやりとりでは、同期性が高いのが特徴とされる。一般の友人を含めた友人知人間のメールでは、その返信速度は三〇分以内が限度とされる。それに対してEメールでは、最大数時間からまる一日の猶予があることが報告されている（中島、二〇一九）。同じCMCにおいても、使用するコミュニケーション・ツールの特性に応じて、ユーザーの期待値が異なり、それに相応したコミュニケーション・プロトコルが存在しているのが注目される。

3 親指は語る

「生麦、生米、生卵」「隣の客はよく柿食う客だ」「東京都特許許可局」ご存知早口言葉である。これらすべてを口頭で普通のスピードで話すと、約一〇秒である。意外と短い時間で話せるのに少し驚かれるかもしれない。ではこの書き言葉の速度はどれくらいなのか？　おもむろにボールペンを取って普通に書いてみると、四〇秒弱であった。個人差もあるが、やはり書くということは時間のかかる行為でもあり、軽く話し言葉の倍以上の時間がかかるのがわかる。

先日学生たちに、この早口言葉をスマホで打ってもらった。するとどうだろう、早い人で二二秒、平均二五秒であった。なんと通常のボールペンなどで書く速さの半分近くである。あの街中でよく見かける親指を高速にフリックして動かすテクニックである。ケイタイがメインだった頃は、同じキーを何度も押したりと、それなりに慣れてくれれば速くできるようになったとはいえ、今のスマホのようなサーとなぞって高速に打てる文字入力システムと比べると隔世の感がある。それゆえ、ケイタイに慣れ親しんでいた世代にとって、書く方がスマホのフリックよりも速いと思い込んでいるのは、かなり時代遅れか。今の若者たちは、朝から晩までスマホに触れて身体の一部になっている世代である。今ではペンで書くよりも、スマホの方が速く打つことができるのである。そして片手でさりげなく持ちながら親指で語る彼らにとって、両手で持ったりキーをいちいち見ながら打つのは〝ダサイ〟のである。メディアを再定義しながら利用していく若者たち。そこにはスピードとかっこ良さという重要な要素が見え隠れする。

解説　若者とメディアと流行

流行現象の担い手は若者が中心となってくる。それは彼らには、規定された使用に対する囚われもまたステレオタイプも、大人ほどないからである。そこには、逆に柔軟でおもしろ味のある使用、イノベーション（新しい使用）が発生しやすい。ケイタイが普及する以前に、当時営業マンが持ち歩いていたポケベルを、数字の音声で文字化して（例：１９１４２８　行く渋谷）遊んでいたのも彼ら若者である。もともと数字のみしか相手に送ることができなかった時代の話である。そんな時代でも、数字そのものを文字の代用として使うというセンスは、ある意味彼ら特有のメディアの再定義化ともいえる。

ＬＩＮＥのようなコミュニケーション・アプリでも、片手よりも効率性の高く確実に打てると思われる両手使いを格好悪いものとし、見事に片手で高速に打つルールを定着させた。慣れてくると、人と対面で会話しながら、片手にスマホを持って別の人に連絡をとるという、ダブルのコミュニケーションシステムをもつことすら可能となる。スマホでのやりとりは、今では話し言葉に準じる速さとなっている。この片手打のように一見不合理にみえる行為でも、そこにはキチンとしたルールの整合性があり、その範囲内での成熟度が高まるのがスマートで格好いいとされ、今では親指でスマホを操作するというのが多くの若者が行う大きな流行となっている。

4 SNSにみる気楽さ

電車の中でも教室でも、はたまた街中でも、四六時中スマホに触れる若者たち。彼らはスマホで電話をかけているよりも、SNSのようなコミュニケーション・ツールを使っている方が多いようにみえるが、実際はどうなのだろうか。若者のメディア意識調査によると(中島、二〇一九)、利用頻度はSNS→ネット→一般のメール→通話の順となっている。本来SNSは、スマホに付属機能の一つとして登場したものである。いつでもどこでも話せる電話としての機能が用いられるのは、緊急の時や文字だけでは面倒な時という回答が最も多い。一見、通話の方が口頭で自由にしゃべれて楽なようにみえるが、実はそれ以外にも特有の理由があげられる。それは電話しても、相手が確実に出るかどうか不明だということ。仕事中、あるいは授業中かもしれないと、「通話相手を気遣う」という回答が多くみられた。それゆえSNSならタイムシフト(時間差)で、いつでも相手の都合のいい時に見てもらえるというメリットが生じることになる。また会って「話す」ということに対して、何を話したらいいのかわからない、長く続かない、話すと緊張する、といった意見がみられた。「非用件通知」といわれる日常的にさいなありきたりの内容が中心といわれるSNSに比べて、生の会話の重さへの負担であろうか。対面コミュニケーションの希薄化が、影響を及ぼしているようである。

SNSは仕事上、あるいは学生としての課題作成や検索などで使用されている。しかし、Gメールのようなメールは若者には、必ずしも積極的には使用されていない。複数の仲間とつながり、常時やりとりしているSNSに比べて、大学や職場などの公式な組織との連絡によく用いられているメールは、やはり堅くて気楽にやりとりするコミュニケーション手段ではないようだ。

解説　ＳＮＳにみる気楽さ

ケイタイは定額制等のサービスによって、通話料金を気にせず長時間話せるシステムはできているが、ここでみられるように、若者にとっては通話よりもＳＮＳを主体とした利用比率が高い。その理由の多くが、相手への気遣い、直接対面あるいは声だけの生の会話であるリアルなマンツーマンのコミュニケーションを回避、といった対パーソナルな心理的側面での特性をあげている。ネット上でのバーチャルな空間での顔の見えない隣人なり友人としてのコミュニケーションの方が、実は心地よいようである。またＳＮＳは記録に残る、読み返せるといった特性もメリットとしてとらえられており、そのタイムシフト性と相まって、自分の時間を優先する彼らにとって気楽さを感じているようである。

このことは逆に、リアル社会での対面コミュニケーションとの関係性が注目される。ＳＮＳでは、文字情報を中心として写真などもやりとりできるが、事前に修正したり、即答する必要もない気楽さがある。それに対して対面コミュニケーションでは、相手の表情や雰囲気を見ながらの言葉のやりとりのコミュニケーションとなり、人によってはある程度の緊張感などが生じることもある。自分のペースで好きな時に書けるＳＮＳは、やはり会話よりも気楽ということか。

5 スマホ依存　チェックリスト

スマホ依存という表現が使用されてからまだ日が浅い。アップルのiPhoneが二〇〇七年に登場して以来、一気にスマホが広がり社会現象となった。それと同時にスマホ依存症という表現が使われるようになってきた。それまでのパソコンのテクノストレスという言葉から、インターネット依存症やケイタイ依存症という言葉に代わって、新たに登場してきた。他人事で自分には関係ないと思っているみなさん、客観的にスマホ依存度が高いのかどうかを知りたくないだろうか？　次のスマホ依存のチェックリストをやってみてほしい。

1. スマホを忘れると、遅刻してでも取りに戻る。
2. スマホがないと、時間がつぶせない。
3. スマホに触れているだけで、落ち着く。
4. 何の目的もなく、スマホの画面をいじる。
5. 電池が切れるのがこわいので、いつも充電器を持ち歩いている。
6. トイレやお風呂にもスマホを持って入る。
7. 目が疲れたり肩や首などが凝ってもやめない。
8. スマホが原因で睡眠不足になったことがある。
9. 友人や恋人と会っている時でも、スマホを触ってしまう。
10. しゃべるよりもＬＩＮＥやＴｗｉｔｔｅｒの方が楽だ。

11. スマホの中の自分が、本当の自分のようだ。
12. スマホをデコレートして目立つようにしている。

解説　スマホ依存症の予防

このチェックリストで、四〜七個が該当する人は、スマホ依存予備軍と考えられる。八個以上は、すでにスマホ依存症と見なされる。本チェックリストは、一九九四年に発表されたヤングのインターネット中毒リストをもとにしたVAS調査（視覚的アナログスケール：Visual Analogue Scale：2000）と、東京大学の「ネット依存の若者たち、二一人インタビュー調査」（二〇一一）、ならびに筆者の「スマホ依存実態調査」（二〇一二）等をもとにして作成したものである。

スマホ依存予備軍と見なされた方も多いかと思う。コミュニケーション・ツールであるスマホに依存するという問題の本質は、個人の自己コントロールができなくなるということにある。学校や会社への遅刻、欠席、退社というような社会的不適合を引き起こす問題が出てくることである。スマホから離れられなくなるのである。

これらの対策として、いろいろな試案が提示されている。家族の支援、転地療法による症状の低減、集団での集中的なトレーニングなどである。しかし一番効果的な方策は、学校教育の早い段階から、正しいスマホなどのメディア機器の予防教育を行うことであろう。ネット依存症やスマホ依存症などの深刻な問題の発生している韓国では、行政自体が関連機関と積極的にコミュニケーションをとりあい、さまざまなメディア依存症に取り組んでいる。わが国でも関係省庁などの行政機関がこれらの依存症に、子どもたちの発達過程の早い段階で取り組む姿勢が、望まれるところである。

6 三者三様のコミュニケーション

知り合いの三人が同じテーブルで会食をしている場面。そこにAさんのスマホが振動する。そしてほぼ同時に今度はBさんにもかかる。三人居合わせていながら、二人にそれぞれSNSを通した連絡がきたのである。円卓を囲みながら、スマホに触れている二人はそっぽを向いて、にわかに片手で高速でやりとりしている。せっかく三人で盛り上がっていた話も、もちろん中座。外から見ると、テーブルを挟んで、三者三様のばらばらのコミュニケーション。おかしいようでもあり、不思議な光景である。

手持ちぶさたになったCさん、二人からのコミュニケーションがなくなり何を始めるかと思うと、やおらスマホを取り出してなんと今度はCさんがSNSを始めたのである。これで全員がSNSをしていることになり、そこにいない誰かとコミュニケーションをとり始めたことになる。みなさんもよくテーブルを挟んで向かい合ってるカップルが、一言も話さずシーンとした雰囲気の中で、ひたすらスマホを触っているところを見たことがないだろうか。現実の世界で誰かと目の当たりに対面していながら、スマホを通して遠くにいるほかの誰かとコミュニケーションをとるという姿は、かつてはなかった光景である。そこでは、対面している相手とはただ同じ空間を共有しているだけとなり、相互にやりとりする通常のコミュニケーションは発生しない。そして非共有の空間に存在する相手とコミュニケーション時間を共有することになる。みなさんは話をしている相手がいる時に、連絡のきたスマホの相手をしますか？

解説　カプセル型コミュニケーション

　ここでのシーンを考えてみると、それはまるでみんな一人ひとり透明なカプセルの中に入って、姿は見えるが話は聞こえない、でも一緒にいるという、デュアルなコミュニケーションシステムの中に組込まれているような感覚である。カプセル型コミュニケーションとでも呼ぶべき新たなコミュニケーションであろうか。かつてはどの家でも一台、お茶の間か玄関にあった固定電話。電話がかかってくると、相手との会話に集中できたいわば専念会話である。つぎにコードレスが普及して、家庭内でも、自分の部屋に移動しながら話ができるようになる。この頃からテレビを見ながら、あるいは何かほかのことをしながらという並行行動が可能となる。そしてケイタイの出現により、家という固定した空間から離れて、どこでも話せるようになった。限定された空間から、個の空間に拡大し、やがてそれは日常の行動し移動する個人と一体化する自由な世界へと広がった。このことは当然ながら、かつてのようにその会話のみに集中して話す専念会話ではなく、何かほかのことをしながら行う並行行動的な会話となってきたことを示している。

　またコミュニケーション方式という観点からみると、電話で直接話すのではなく、メッセージだけをやりとりするSNSやメールが主体になってきたことも、現代人の特徴でもある。対面で相手と会話しながらも、SNSやメールでの文字情報のやりとりを行うという、かつてなかった新たなコミュニケーション方式も生まれている。

7

つながりと孤独感

今や身体の一部となるくらいに肌身離さず持ち歩くスマホ。今の若者は、早い人で小学校から、遅い人でも高校に入るとスマホを持つようになる。パソコンが登場した頃、ヴァーチャルな空間でのメールのやりとりは、専門性の高い人たちによるパソコン通信でのEメールが中心であった。その後、ケイタイからスマホが広く普及し、LINEのようなコミュニケーション・アプリが主流となっている。そしてこのようなコミュニケーション・アプリやメールの内容の大半は、日常の出来事を綴った非用件通知と呼ばれるもので、緊急性を要しない内容といわれる。

現在のようなスマホにおける常時密着型のモバイルのコミュニケーションを考える際に、その前身となったケイタイにおけるメールとユーザーの関係を考察してみると、現在と同様の密着型モバイルであるスマホにフィードバックできる示唆が多く得られるものと思われる。そこで筆者の行ったケイタイとメールに関する意識調査（中島、二〇〇六）について概観してみたい。

若者のケイタイとメールに関する意識調査によると、恋人有りと無しのグループ群、男女別のグループに分けてみてみたところ、八グループすべてに（ケイタイ、メール共に）共通して「つながり意識」の価値観をもっていることが報告されている。さらに恋人有りと無しの二つのグループで対比した場合に、有りグループは「孤独の回避」が続く価値として登場する。それに対して無しグループは、さまざまな価値意識が登場してくる。親密な異性の存在が、つながりと同時に孤独感を埋める重要なファクターになっているようだ。

解説　モバイルとつながり意識

ケイタイとメールについて、恋人有り無し、男女別の計八グループについて、深層面接調査を行った。ケイタイとメールにどのような価値意識が出てくるかをみる、手段目的連鎖モデル法を用いて、階層的価値マップを構築するものである。属性、機能的ベネフィット、心理的ベネフィット、価値意識と四段階に至るプロセスをみていくものである。例えば、送信（属性）↓非用件通知（機能的ベネフィット）↓会った時に話しやすい（心理的ベネフィット）↓深まる人間関係（価値意識）と連結する。

八グループに共通して、「つながり」の価値意識が最も多く登場する。次いで有りグループでは孤独の回避が、無しグループでは、「深まる人間関係」、「広く浅い人間関係」といった人間関係関連の価値意識が出てくる。いずれにしても、他者とのつながりや交流といった人間関係関連の価値観が主流を占めているところが注目される。

逆にマイナスイメージとして、心理的ベネフィットでは「ストレス」「誤解」「拘束性」「寂しさ」などが、価値観としては「ケイタイ依存症」「不安」「孤立感」などが出現する。全般に対パーソナルなつながり意識を前提として、そこでのディスコミュニケーションやトラブルが大きなウェイトを占めているのが特徴である。これらの結果から得られた知見をもとに、ケイタイ↓スマホ、メール↓コミュニケーション・ツールと置き換えてみると、常時密着型のモバイルを使う人々の実態は、現在もさほど変わっていないことに気づくことだろう。

8

キューレスな空間

「牛にひかれて」で知られる長野の善光寺には、もう一つ戒壇巡りという有名な地下の暗所めぐりがある。一寸先も暗闇で何も見えず危ないので、知らない人同士が手をつなぎながら、恐る恐る進む。壁の小さな出っ張りや、先行く人の声などの手かがりを得ながら現在地を知るのである。これはちょうどメールのやりとりに似ている。ほとんど何の手がかりもない（キューレス：Cueless）ようにみえるバーチャルな空間で、私たちは基本的な文意の伝達以外に、書き方やその表現の仕方にわずかな手がかりを見つけて文脈を解釈する。にっこりした顔に見える絵文字があれば思わず微笑んだり、!!と驚きマークが続けば強調性を感じる。

現実の対面のコミュニケーションで「嫌いだ」と言われても、相手が微笑みながらふざけて言っているのか、あるいは好きなのに照れて言っているのかが判断できる。ところがネット上のコミュニケーションにおいては、まるで暗闇を手探りで進むようなもので、言葉そのものがシンボライズされて送られてくるために過大に評価されて受け止められやすい。それに伴い、感情の表出も一気にプラスあるいはマイナスへと変化しやすい。

このような感情の表出は、まるで急坂（steep hill）を転がり落ちるような速さとなる。これが、ネット上でフレイミング（トラブルや争い）が生じやすい理由だと考えられる。通常の対面時の感情表出が、さまざまな手がかりの確認の後に、あたかも平らな面をゆったりとプラスやマイナスに移動するのに対し、steep hill 的特性とでも呼ぶべきか。時折起きるネット上の事件はいうまでもなく、メールでの言葉遣いとマナーには慎重すぎてもすぎることはないだろう。

解説　CMCにおけるSteep Hill的特性

インターネットの前身のパソコン通信当時から、バーチャルな空間におけるコミュニケーションは、現実社会のそれとは異質なものと見なされていた。それはリアルな対面のコミュニケーションに比べて、ほとんど手がかりのない文字だけのコミュニケーションだからである。また顔の見えない匿名性ゆえに、相手の社会的な地位、肩書き、上下関係が消失し平等化される。これらのバリアが取り除かれるために、心理的隣人としてその相対的距離も近づくことになる。さらに手がかりの少ない空間での言語によるコミュニケーションは、シンボライズされて増幅されやすい。このように心理的距離が近く、増幅された言葉のやりとりのプロセスでは、いわば steep hill 的で感情が一気に傾きやすい。

このようなCMCの特性が広く理解されるようになり、またメール作法やレトリックが熟成することによって、社会的に最も有効なコミュニケーション手段としての地位が確立するだろう。

9 ネットにおけるイメージ形成

ネットにおける人気サイトやブログは、大変なアクセス数に達する。現実社会の流行やブームといった人気のバロメーターが、ネットではこのようなアクセス数として可視化されるところがわかりやすい。またそのことが、量的に認知された人気対象として、さらなる相乗効果となる。しかしいったん、マイナス面での集中度、すなわち悪い評判やマイナスイメージがつくと、批判的な書き込みが続出して、攻撃、炎上という結果となる。

ネット上のコミュニケーションであるCMCにおいては、キューレス（手がかりがない）な空間ゆえに、伝えられる言葉が象徴化されて、対面時の会話で用いられる言葉よりも大きな影響力をもつと考えられる。またその伝達速度の高速性も無視できない。例えば、うれしい→とてもうれしいに、つまらない→大変つまらない、へと増幅してとられやすい。双方のリテラシー力にもよるが、特にマイナスイメージの言葉やイメージは、現実社会以上に、強く印象づけられる傾向がある。

ネット上でマイナスイメージの情報が形成されやすい理由として、CMCにおける集団の特性があげられる。ネットにアクセスする人たちは個々に離れた存在でありながら、ヴァーチャルな空間では心理的隣人として位置している。そこでは匿名性を保ちながらもまるで接することができるくらいの近い心理的距離となっている。このような形態の集団は、群衆的であり、そこでは被暗示性や、心理的伝播などが生じやすい。そして構成員も異質性から同質性へと変化し、一体化した集団に転じやすい。怒り、憤り、悲しさ、侮辱感といったようなマイナスイメージの言葉や心理状態は、一気に伝播しやすい。ネットでの書き込みには、最大の注意を払っても払いすぎることがないのかもしれない。

解説　否定的な偏見（Negative Bias）

日常生活でもマイナスイメージの発言や言葉は、受け手にとって大きく印象づけられるし、また主体として客観的に物事を見る場合にも同様のことが考えられる。心理学者カノウズとハンソンの印象形成理論によると、第三者の印象形成の際に、プラス面よりもマイナス面の特性の影響が大きいという。一般に一度形成されたマイナスイメージがなかなか崩せないことや、マイナス面が過大化して受け取られる傾向はよく知られていることである。

CMC上の特定のサイトやブログに集まる集団は未組織集団であるが匿名性を基本としており、社会学者ル・ボンが唱えた群衆的な集団心理的特性に近い側面がある。群衆では、無責任、衝撃性、盲従性といったネガティブな特性がある。ネット上の言葉の影響力の大きさとマイナスイメージの形成との相関、そしてそれらマイナス面に共鳴しやすい群衆的特性といったこれらの関係について、今後さらなる研究が待たれるところである。

10

メサージュリが示すふれあい

インターネットの今日の繁栄を考える時に、その原点ともいうべき初期のコンピューターネットワークシステムを振り返ってみてみると、一つの大きなヒントが得られることに気づく。インターネットが現在のように広く普及し定着する以前に、電話回線を介したパソコン通信やビデオテックスと呼ばれるネットワークが、一部のマニアや専門家の間で使用されていた。それらの中でも一九八〇年代後半にフランス全土にわたる大きなネットワークとして、活発に利用されていたのがミニテルである。

すでに一九八八年当時に四〇〇万台を超す勢いで、当時としては世界最大のビデオテックスであった。わが国の人口の半分弱ほどの中でのこの普及ぶりは、さしずめ日本ならば一〇〇〇万台の普及ということになる。そのミニテルで最も人気があったのが、メサージュリ（messagerie）である。いわゆるチャット・サービスで、匿名で不特定の相手とオンラインでおしゃべりを楽しむもの。このメサージュリに参加したくて、ミニテルに加入した人も多かったという。注目したいのは、その人気のチャット・サービスのメサージュリで知り合った人がグランド（実際に対面すること）した人の比率が六二％にも達したという事実である（ASAHIパソコン一九八九 四／一号、朝日新聞社）。

文化の違いや国民性、現在のようなネットの普及ぶりなど、いちがいに比較はできないが、ネット社会の今日においても、このメサージュリの高いグランド率の経験はネットに関わる利用者の重要な傾向を提示してくれる。それはパソコン上のバーチャルな世界と現実とは異なるように見えるが、実際にはパソコンに接している利用者にとっては、バーチャルな世界の向こうに現実の世界を見ていること。そして、SNSなど対パーソナルなコミュニケーションをバーチャル上で行っている人は、やはり人とのふれあいを求めていることが示唆される。どんなに電子化が進んでデジタル化社会になろうとも、人が人の感情に触れたい、人に会いたいと思うのはごく自然なことか。

解説　ネットフィーリング

私たちを取り巻く環境の電子化が進み日常的にパソコンやネットにいつでも接続できるスマホなどのモバイルに触れていると、オーディエンスである人間は、ますます電子的思考になり人間性が希薄になり、電子的人間になるという考え方もできる。しかし実際にはネットの先行的実験ともいえるこの初期のネットワークであるフランスのミニテルの例のように、利用者が人とのふれあいを求めてグランドする傾向が高いことがすでに八〇年代から出ていたことは、注目される。

このようなネット上で人とのふれあいを求める行為を、ネットフィーリングと呼んでみたい。ネットフィーリングを求める行為は、人は決して電子社会のシステムの中で埋没することなく、実は現実での人とのふれあいと同じような感覚も求めていることを示唆している。今日わが国では、ネットメディアのみならず、モバイルメディアも含めて、いわゆるグランドが可能な出会い系サイトが根強くいまだに人気なことからも、そのことがうかがえる。無味乾燥なデジタル社会化の方向が叫ばれている中、実際には人とのふれあいを求める心理が根底にあることを忘れてはならない。

11 気になる評価

人は通常買い物する時に、同伴する家族や友人との会話や評価づけを参考にする。転じてネット社会ではどうかというと、ご存じのように価格の比較サイト、あるいは化粧品の情報サイトのようなところを積極的に参照する傾向があるといわれている。

どうして人の意見を参考にするかというと、それはより新鮮で有益な情報――例えば価格、商品の質、より優れた点やお得な点など――に接触した時に、通常よりも受け入れやすいと考えられるからである。特にその場に同席する人のパーソナルな影響やくちコミなどの影響が、実際には大きいことが考えられる。いわゆるパーソナル・インフルエンスと呼ばれるものである。

ネットショッピングでも同じで、やはり人の評価やパーソナル・インフルエンスに該当するものが気になるようである。多くの場合、ネット上で買い物する利用者は、単独でスマホに接する機会が多い。ウェブの閲覧やショッピングという行為は、必然的に単独での行為となり、自己判断で購入することになる。そこで比較サイトやランキングサイトといった他者の評価を可視化できるサイトを参考にするわけである。正確にいえばこれらの行為は、仮想空間上の人の評価や人気を知るための参照行為、つまりヴァーチャル・レファレンスと呼ばれるものである。

今後は、これらの客観的で公平な視点から提示される評価基準のサイトが、いわば信頼できる友人としてのパーソナル・インフルエンスの役割を果たしていくと考えられる。

解説　二重の評価とパーソナル・インフルエンス…………………………

ネット上では、評価（evaluation）は特に重要な要素となる。そこでは二重の意味の評価が存在する。一つは利用者自身がネットで発言したり何かアクションを起こした時の、他者の目に映った自己への評価である。例えばブログで書いたことへのコメントやトラックバックに書かれた評価や意見、オークションで落札した時の評価づけなどが、負の評価になることを心配するのである。もう一つは、ネットショッピングやオークションなどの消費行動で何かを購入したりする時の対象について、第三者からの信頼できる評価を得ようとする。つまり特定のモノについての評価である。

このように自分に向けても、また自分から対象に向けても、常に評価という物差しが存在していることが見逃せないポイントである。それは、ネットがもともと情報性が高く、検索機能に秀でたシステムであることと、さらにネット上といえども、人はやはりパーソナル・インフルエンスの影響を受けやすいということであろうか。

12

CMCは群衆的？　公衆的？

ネットの人気のサイトには多くのアクセスがある。またネットショッピングあるいは動画投稿サイトにも、多くの人が閲覧するために集まる。それはあたかも、リアル社会で流行の店に集まる様と同じである。また話題となるテーマについて集中的な書き込みも発生する。あたかもネット世論とでもいうべき集約的な意見形成の現象である。このようにさまざまな形でネット上に人が集まる形態は、現実社会での非組織的な集団形成と同じなのか、あるいは近似しているのだろうか？

ネット上に集まる人々、例えば人気のインフルエンサーのサイトや検索エンジン、ランキングサイトなどでは一瞬のうちに、現実社会以上に多くのユーザーが集まる。このような匿名のユーザーが一気に集まってくる様は、まるで広場に自然発生した群衆そのものといえる。しかしインターネットというメディアを介して、多くの情報や知識を共有して集まってくる様は、新聞やテレビを通して共通意識をもっている公衆的といわざるをえない。

すると正確にいうならば、客観的には公衆的でありながら、利用者本人から見るなら、それは人だかりの輪の中に飛び込んでいく群衆的である。つまり公衆的なポジションでありながら、心情的、情緒的には群衆的特性があるということ。なぜこのような矛盾が生じるかというと、インターネットという現実には近似していながらも、不可視な全く異なる新たなコミュニケーション・システムの世界に入るからである。

解説　ネット上の集合行動

Ｗｅｂ二・〇（220頁参照）世代以降、それまでは受け手であった利用者側からの発信が増大し、今では大きなパワーとなってきた。その中でも特に注目されるのは、特定のサイトに集まる高い集中度である。そこでの利用者の動向がいろいろな意味で注目されるようになってきた。マイナス面にそれらの集団が転じると、一気に標的にされたり攻撃、炎上という現象が発生するからである。群衆とは社会学者ル・ボンが唱えたもので、身体的接触が生じるくらいに密集したところに集まる匿名の人々の集まりである。そこでの集団の特性は、非暗示性が高く、マイナス面に描かれることが多い。また公衆とは、社会学者タルドによって群衆のあとに構築された概念である。ここでは身体的接触が生じない離れたところに位置し、新聞のような共通のメディアを通して、共通の意識や情報を有する集団と考えられた。ＣＭＣのコミュニケーションでは、個人意識が強くなる匿名性や本音が言いやすい環境から、感情、情緒的には群衆的になりやすい側面がある。またそれと同時に共通の関心をもち、相互にコミュニケーションをとる公衆的な性格は、マスメディアにも拮抗しうる大きな世論形成も可能な側面をもつことに注目したい。

13 メールの二重性

SNSやメールは典型的なCMCである。今では多くの人にとって、日常的に行うコミュニケーションとなっている。CMC研究初期の頃は、その暗闇性や手かがりなしのバーチャル空間においては、フレーミング（ネット上の争い）などのマイナス面が表出しやすいといわれていた。ところが最近の研究では、CMCでも豊かな表現が可能であるとされ、新たな見直しが起きている。その背景には、現在成人になった若者たちはすでに中学生当時からCMCに五年以上も慣れ親しんでおり、その使用において成熟してきたことと。つまりそこでのリテラシーを知らず知らずのうちに十分身につけてきたということがあげられる。いかに快適に、このSNSやメールという新しいコミュニケーション・ツールを使いこなすかをよく知っているということである。

例えばカップルで気まずい出来事があっても、メールでは彼女の方から「今日はとても楽しかったね」と来る。そのままリアルに本音を書くというよりは、さらりとリップサービス的にプラスのメッセージを送る。でも本心は逆のマイナスのベクトル、なんてことはままある。メール世代もネットのWeb二・〇世代以降の成熟した世代に入り、ネット上のエチケットや礼儀といったメール・リテラシーを身につけてきたようだ。長く付き合ったカップルが別れる時も、メールで「ごめんなさい。でもとても楽しかったわ！」なんてごく普通に書けるようになってきた世代である。建前と本音を自然と使い分けられるような新たなコミュニケーション・ルールが広がってきているようである。

解説　メールにみる二面提示的コミュニケーション

ＣＭＣ研究では、その顔が見えない匿名性やキューレスな特性から、プラス面では身分や地位といった社会的立場がなくなり平等になること、したがってより敷居の低いコミュニケーションが可能となる。マイナス面では、ノンバーバルな要素が多く欠落している空間においては、現実以上にシンボライズされた情報の流れが発生する。そのためにささいなコンフリクト（行き違いやぶつかりあい）が大きなフレイミング（炎上）に転じやすいといわれる。

しかしながら手探りでキューレスなメールにおいては、それらの欠点を補うべく顔文字、絵文字、デコメールのような感情に代替する機能をもつ新言語が生まれている。そこでは、よりスムースでプラスの会話を進めるような工夫がみられる。ＣＭＣを豊かにする環境の整備である。また言葉の威力が大きいがために、極力マイナスイメージの言葉は避けられるリテラシーが発達してきたようだ。言いたい本音あるいは批判などは、小さな比率でワンクッション置いて書かれる。つまりコノテーション（含意的）な二重回路のコミュニケーションが発生しているものと思われる。マイナス面は小さな比率で、そしてより大きな比率でプラス面を強調するという、いわゆる二面提示法の定着がみられるようになった。

14 新たなメディアのもつ集団性

人の噂も七五日と諺ではいわれる。マスメディアの登場するはるか昔からの噂の伝達速度は、実にゆるやかなものであった。今ではネット上で話題になると、数日どころか瞬く間に情報行動の高い集中度がみられるようになり、また大きな影響力をもつようになった。特にネットやモバイルなどの新たなメディアが、何らかの機会に集団性をもつ時に、そのパワーは大きなものになる。

フィリピンのエストラーダ政権が倒れた時には、ケイタイが一つの大きなパワーとなったことが注目された。政府の退陣を要求した国民は、ケイタイで一斉にクルマのクラクションを鳴らして抗議する運動を開始した。次々と友人知人にメールを送り、集合場所、鳴らす時間を伝えたのである。約束の時間になると、耳をつんざくほどに一斉にあちこちでクルマのクラクションが鳴り、大きなアピールとして成功したという。ここで注目されるのは、ケイタイという本来個人単位のメディアが次々と連鎖的につながり、大きな組織的集団に転じ一つの勢力になった例である。ケイタイによるデモとでも呼ぶ新たな現象の出現である。

ネットにおいても、掲示板などへの集中的な一斉の書き込みなどで、一気に大きな勢力として広がった例は多い。これらは小さな特定地域や国内のみならず、国家レベルの摩擦——外交問題、貿易不均衡問題、政治問題等——においても発生する可能性がある。

そしてこれらのＣＭＣによるコミュニケーションは、その一瞬にして伝わる伝達速度の速さ、閲覧ならびに接する利用者の多さ、steep hill（急坂）的特性で感情的になりやすい側面などから、一種の社会的伝染として一気に広がることが考えられる。個としてのメディアが、市民を連帯させるメディアに変わる瞬間である。

解説　同質性の高いCMC上の集団

CMCにおける情報の集中度は、ネットでは特定掲示板への集中的書き込みや閲覧などにみられ、またSNSでは、同報機能での一斉送信、転送機能などにより、一瞬にして多くの人の目に触れることができる。この高速な時間的伝達性が、ポイントである。またネットの特定サイトに集まる利用者の特性は、共通の興味関心のある人が多く、異質性というよりも同質性の高い集団である。SNSでは送信相手は面識性の高い人が多く、必然的に同質性が高くなる。心理的隣人としてその相対的距離の近いCMC上においては、このような未組織集団もその同質性ゆえに組織的集団に転じやすい。特に感情、情緒面で昂揚しやすい情報では、その steep hill 的特性と相まって、相乗的に一段と興奮度が高くなるものと想定される。SNSのもつ集合力、集団的パワーは、かつてのメディアにはみられなかったような、新たなタイプの勢力になるだろう。

15 流言の威力

集団の中では、噂やくちコミの伝播は思っている以上に速い。二〇〇五年九月には、政情不安定なイラクのバクダッドで、祭礼に集まっていた巡礼者の間で自爆テロが起きるというデマが一気に広がり、パニック状態に陥った人々が将棋倒しになったり川に飛び込み八〇〇人以上が犠牲になるという痛ましい事件が起きた。当日は宗教上の信仰のために集まり、肩も接するような密集した群衆状態の中で起きた。過去をみても、このような群衆の間のデマから引き起こされた騒動や事件の例は、枚挙にいとまがない。

メディアを介した例としては、二〇〇二年に北海道のスーパーで起きた返金騒動がある。輸入牛肉を混入し国産牛肉として販売したことが発覚したため、差額の返金をすることが発表されるやいなや、多数の若者が殺到して混乱が生じたケースである。これはケイタイのメールやEメールを通して仲間内に連絡がまわり、実際に購入した以上の若者が殺到し返金を要求したという騒動である。実際に群衆の一人としてそこに居合わせたのか否かという違いはあるにせよ、噂というコミュニケーションが同質性の高い集団内――同じメッカをめざす巡礼者、仲間同士の若者――に流れた点は一致している。

近年これらの噂、くちコミなどの不定形なコミュニケーションは、現実世界以上にバーチャルな世界で多く見うけられるようになってきた。現実でのマンツーマン的伝播ではなく、同時に多くの人の目に接することや、一瞬にして伝わる速度の問題、匿名性などさまざまな要因があげられるが、基本的にはゴシップ好き、話題好き、のぞき見趣味的な人の心に大きな欲求があるのかもしれない。

解説　流言蜚語とコミュニケーション

根拠がないのに言いふらされる、無責任な噂やデマのことを流言といい（『広辞苑』岩波書店）、流言蜚（飛）語とも呼ばれる。これらは、次々と人づてに伝わるコミュニケーションで、そのプロセスにおいて、正確な事実関係が確認されない状態で伝播するのが特徴である。その中でも政治的意味合いをもち意図的に流されるのがデマであり、出所不明ではあるが必ずしも故意ではないのが流言とする分類もある。いずれにしても実際には両者の区別は難しい場合が多い。通常は流言は非制度的チャネル（情報が流れるルート）を通して伝播するもので、自然発生的な情報と考えられる。公式のコミュニケーション・チャネルを通して流れた情報が人々に伝えられた後に、新たに加工され変化した形で、非公式のチャネルを通して流された時に、流言蜚（飛）語が発生する。特に近年のネットやモバイルメディアを介したバーチャル空間での高速な伝播により、一段と拡散、増幅していく傾向がみられるようになってきた。

16 くちコミはなぜ発生するのか？

くちコミの特徴は、人から人へと口頭で次々と伝わることである。つまり目に見えない独特のネットワークで広がっていくプロセスをとる。ただしネットワークといっても、規則的で一定の速さではないアトランダム型の房状連鎖となる。そしてこれは、家族、友人間、親しいグループ、学校のクラス、部活、社内といったような、比較的絆の強い集団の中で発生しやすいが、偶然同じ場所に位置する全くの他人同士でも、生じることはありうる。

まず注目したいのは、伝える人と伝えてもらう人とが存在すること。そして、彼らには共通の関心枠が存在していること。送り手Aの興味関心から生じる新鮮な情報を流しても、受け手のBにはつまらない内容かもしれない。それではくちコミは発生しにくい。つまりその情報は、受け手にとっても興味関心があるテーマで、かつ平均的、常識的、一般的なステレオタイプから逸脱している新奇性、斬新性があることがポイントである。前もって知りうる、予測できるような話題では、特に他者に伝えたいほどのエネルギーは発生しない。

さらにその内容は、自然で不自然でないこと、なるほどと納得のいくもの、感動するような新しい事実、本物である話のもつリアリティのあるもの、探しているモノと一致するものなどである。なぜくちコミは大きな伝播力をもつのか。それはくちコミを伝播する人たちにみられる意識に特徴があると考えられる。第一に、そのくちコミ情報A′を知ることによって、その一般的な情報Aとは逸脱した新奇な情報に価値が生じ、心理的利得感を得られること。第二に、その新奇な情報をいち早く知り得たという、時間的優越感をもつこと。そして第三に、それを伝えることによって、この優位性を確固たるものにすること。つまり伝えることによって、この「特別な情報」を伝えた、教えたという優越意識をもてることなどがあげられる。そして一部の地域や集団で流れているくちコミが、雑誌やテレビなどのマスメディアに紹介されることによって、一気に大ブームとなって広がるのである。

解説　くちコミに関心がもたれる理由

くちコミという表現は比較的新しいものである。くち＋コミュニケーションということで、六〇年代初頭に評論家の大宅壮一によってつくられた言葉である。コミュニケーションという言葉が学問的にも普及し認知されるようになってからの表現と考えられる。それ以前は、例えば心理学者のG・オールポートとL・ポストマンの「デマの心理学」や社会学者の清水幾太郎の「流言蜚語」など、デマや噂、流言という表現で研究されてきた経緯がある。

それまでの同様の研究からは、一・情報が少なすぎる、あるいは多すぎるというシチュエーションにおいて、情報処理が十分にできていないこと。二・その情報に対して、個々人の自己関与度が高いテーマであるということ。三・マスメディアと関わることによって、相乗効果で一気に広まるということ、などが知られている。

17

ネットにおけるくちコミと人気度

くちコミといえば通常は現実社会で対面しながら次から次へと個別に伝えられるコミュニケーションを指すが、ネット上にもくちコミが存在する。インターネットもいわゆる黎明期の第一世代からWeb二・〇の第二世代から最新の第三世代へと進展し、今では利用者も積極的に発信するそんな時代になってきた。その利用者側から発信される代表的なCGM（Consumer Generated Media）の一つに、ブログがある。Web＋Logの合成語であるBlogは、当初はネット上に個人的につづる日記として始まったものであるが、ホームページを開くより手軽なそのシステムや、コメントといわれる第三者からの意見の掲載やトラックバック機能のように関連するブログとのリンクなどの双方向の仕組みが人気を呼び、今では受け手であった利用者側からの発言の場として利用されている。本来の日記という特性から、毎日のように更新されて新しい情報が掲載されることや、たくさんのブロガーが登場し、そしてそれ以上に多くの読み手が存在するようになって、今では無視できないほどの大きな勢力になってきた。

インターネットも初期の頃は、テレビ同様に受け身の利用者が大半であったが、受け手が主導的になってきたWeb二・〇世代以降は、情報の検索、検証、比較、共有という作業が利用者側からできるようになってきた。ここでは個人の生の声や本当の興味関心が、そのまま反映される。そこで書かれていることは、自分と等身大の消費者の声であり、共鳴や共感を生みやすい。興味あるブログやサイトへ集中するアクセスや被リンク数、検索ヒット率の高いキーワードなどは、情報行動の集約度が高い現象であり、ネットにおける人気や興味関心度のバロメーターとして機能するようになった。

解説　人気の数値化

このブログ上の発言やそこで行き交う会話などが、ネットにおけるくちコミ（ＷＯＭ：word of mouth）と呼ばれるものである。そしてこれら個人の発言するサイト上やランキング・サイトなどで集約度の高い、登場頻度数の高い特定テーマや特定単語が注目されるようになってきた。それらのヒット数やアクセス数の高い単語やテーマが、今話題になっているものと判定されるわけである。リアル社会でのくちコミが人から人へ口づてに伝わるように、ネット上での話題も次々と連鎖的に伝わる。現実のくちコミと異なり、ネット上では記録が残る、閲覧に来た人がカウントされる、参照したキーワードのアクセス数が残るなど、アクセス数や頻度数が容易に測定でき数値化でき可視化できるところが特徴である。いわばその時々の人々の関心事が、一目瞭然としてランキング化しやすいということである。このような理由から、近年マーケティングに活用されて、バズ・マーケティング（buzz marketing）やくちコミ・マーケティングと呼ばれるようになった。

ブログは広義の定義ではＳＮＳに含まれる場合もあるが、コミュニケーションメディアとしてみた場合に、一般的にＳＮＳはそこでのコンテンツや記事が時間と共に消えていくフロー型であるのに対して、ブログはその記事やコンテンツがＷｅｂ上に残るストック型であるところが特徴である。コンテンツが蓄積されて、過去に遡ってアクセスできることにより、くちコミの情報源としての役割もある点に注目したい。

18

ネット上のくちコミの特性

インターネットがこのように普及する、その前身ともいうべきパソコン通信の時代からチャット、掲示板などは存在していた。ただ現在のような広く人々に普及しているインターネットほどマスではなかったために、そこでの流行やくちコミなども、現実社会にフィードバックするほどではなかった。現在では、ネット上で流行したりブームになったりすると、それが現実社会でも話題になり、本になったり映画化されたりするという新たな現象もみられるようになってきた。

ネット上でこのような話題性とか、はやりの商品などについてコメントしているのが、人気のブロガーであるインフルエンサーと呼ばれる人たちである。常に特定分野での知識や教養が高く、その鋭い眼識で物事を見て、最新の有益な情報を発信するプロ的なブロガーである。モノにあふれた今日の成熟社会で目の肥えた消費者にとっては、既存の広告の効果が減少している。いわゆるマスマーケティングの限界説である。このような中、各メーカーは、消費者としての視点から強い影響力と発信力をもつ彼らインフルエンサーに関心をもつようになってきた。多くのメーカーは彼らに関心をもって、より多くの最新の情報を流す。このように、最新のあらゆる情報がいち早く入りかつ影響力の大きいインフルエンサーから、その読み手でありサポーターである多くの一般のブロガーに情報が次々と伝播していくのである。

これはちょうど現実社会のオピニオンリーダーと一般のメンバーのコミュニケーションの流れと同じである。つまりコミュニケーションの二段階の流れ説である。結局は、ネット上のバーチャルな社会も現実社会も、人のとる行動パターンは極めて近いことがわかる。

解説　ネットにおけるコミュニケーションの流れ

従来のマス・コミュニケーションにおける「コミュニケーションの二段階の流れ」は、情報源からの情報がオピニオンリーダーにまず流れ、そこから多くの構成員に流れるとした二段階の構図である。限定効果説の一つともいわれるこの説は、マスコミの影響が思っていたよりも小さく、むしろオピニオンリーダーのパーソナルな影響が大きいととらえる考え方である。ネット上では、そこでの特有なコミュニケーションであるＣＭＣの特性により、情報の流れが速く、また感情や賛否の反応がクイックであることが想定される。新聞や雑誌、テレビへの接触態度というよりは、メディアでありながら顔は見えないものの、対パーソナルな接触態度やコミュニケーションに近いと考えられるからである。従来のマスメディアよりも、ネット上ではよりパーソナルな影響が大きいと考えられる。したがって、アルファブロガー（220頁参照）のような信頼できる情報性の高い発信者（インフルエンサー）の影響力は大きいだろう。

19

発信する個のコミュニケーション

インターネットの最近の流れを振り返ると、黎明期の第一世代からWeb二・〇世代へと進化し、新たなコミュニケーションが登場したことに注目される。それはCGMと呼ばれる、ユーザー自らが発信する新たなコミュニケーションの総称である。これは初期の閲覧やネットサーフィンを中心とした利用形態からの進化・転換ともいうべき形のもので、その前段階として、例えばメールによる双方向のコミュニケーションなどは存在していた。しかし多くの利用者が単にメールのみならず自らの日記をウェブ上に公開するようになり、またそのトラックバック機能やコメント機能などで第三者からの評価や意見も受けられるようになり、積極的にウェブに関与することが可能となってきたのである。ブログや利用者自身が作っていくオンライン百科事典のWikipediaなど、さまざまなユーザー主導のウェブが構築されつつある。ユーザー参加型の新しいウェブサービスである。

これに対して従来からの基幹メディアであるテレビでは、一九五〇年代前半に登場して以来、ほとんど視聴者は受け身のシステム態勢におかれている。リアルタイムの視聴者参加番組はまだ数少ない。現在のCMなどのマス的なテレビ広告の行き詰まりも、リアルな視聴者の意見や関心を反映していないところにその原因の一つが考えられる。

第三のメディアとして広く普及し定着し大きな勢力をもち始めたインターネット。そして多くの利用者からの生の声やリアルな本音が聞ける、ブログなどの新たなコミュニケーション方式の出現。このような新たなシチュエーションを背景に、マス的な広告の転換を迫られているマーケティングや消費行動のターゲットとしても、新たな媒体に必然的に目が転じるようになってきた。今後もブログのみならず、それを凌ぐ新たな利用者主体のコミュニケーション方式が登場してくるものと思われる。

解説　新たなコミュニケーション方式とマーケティング

Webニ・〇世代（第二世代）のインターネットでみられる広告形態の一つに、コンテンツ連動型広告がある。一言でいえば、各サイトの内容にほぼマッチした広告を提供するシステムである。不特定多数にうっていた従来のマス型広告方式に比べて、利用者の興味関心をより多く集められることはいうまでもない。従来の不特定多数の消費者に一方的に投下するマス的広告とは異なり、そのターゲット性において高い広告効果が期待される。従来型の広告手法は、利益の八割が数多くある商品の上位二割で占められるという原則で行われていたが、ハード面の進化により、残り八割へのニーズにも対応できると した「ロングテール」的手法が注目されるようになってきた。その背景には、利用者のリアルな意見や考え、興味関心などがそのまま反映されてより精度の高いコミュニケーションが発信される、ブログなどの新たなコミュニケーション方式の普及と定着が大きい。

この第二世代からさらにスマホとSNSがメインとなる新たな世代が登場している。マーケティングにおいても、ネット上やりとりされるSNSやインスタグラムのような写真投稿サイトなどの広がりにより、AIを活用して、そこに登場する言葉の頻度数や写真サイトに見られる流行アイテムの頻度数なども判定できるようになってきた。それらを通して、最新の消費者の興味や関心を知るとともに、個々の消費者のニーズに合うようなパーソナライズされたターゲット広告が広がりつつある。

20 手書き文字の新鮮さ

毎日のように送られてくるＳＮＳやコミュニケーション・ツールのＬＩＮＥやメール。私たちはそこに書かれた文字から情報を得たり意志を伝えたりと、ごく日常的に接している。でもよく考えてみれば、そこに表示されている文字は、実は〝活字〟という統一された文字であることに気づく。つまり同じメールという表現でも、手書き文字の郵便手紙とは異質なものである。

活字のもつ大きな特徴として、統一されたフォーマットを有するゆえに、そこにはオーディエンスに対して普遍性をもつということである。つまり活字で書かれたものは、手書き文字よりも、一種の共通のプラットホームをもつ信頼性が生じるということ。それゆえ重要な公文書などは、活字で印字されることにより、その信用や信頼度は高まる。

キーボードやケイタイのキーで打つ文字は、自動的に活字化された文字で書かれるという共通の認識がある。それゆえ手書きタブレットなどを使ったりして、手書きの文字がモニターに映し出されると、私たちはそこにパーソナルで親しみやすい何かを感じる。これはちょうど街中の居酒屋の看板が、活字化された店名から毛筆などの手書き風のデザインに移ってきた風潮と同じ感覚だろうか。活字化された店名では信頼性はあるものの、その店特有の雰囲気が出にくい。多くの人に認知されて信頼度のある文字と、親しみのある文字とは、必ずしも一致しないようだ。

解説　手書き文字の行方

現在私たちは、手書きの文字とキーボードやスマホなどの電子端末を通して書かれる活字文字というデュアルシステムの文字体系をもっていることになる。今日手書きで文字を書くシーンは、何かの署名の時、試験の時、記録誌をつける時くらいで、デジタル社会の活字化全盛の中で、その相対的な稀少性は高い。個人が書く手書き文字は、固有の書き方――筆圧、筆順、レイアウト力、持ち方、筆記具の違い等――人それぞれに異なる。かつ一定のパターンで書かれる安定したもので、筆跡鑑定というジャンルが存在するくらいである。また男らしい書き方、女らしい書き方などの性差、若い世代と漢字を多用する年配の世代といった世代差、あるいは几帳面さとか大らかさといった性格まで反映される個性的なものである。以前には若い女の子たちが始めた丸文字のブームもあり、手書き文字そのものも時代性を反映している側面すらもちあわせている。パソコンソフトやタブレットなどでは、この手書き文字をパターン認識して活字へと変換できるものもある。今では、手書き文字そのものを活字化したパーソナル活字も実現している。手書き入力の場合ばかりではなくキーボードで入力する際も、このパーソナル活字が入力されるシステムが広く普及すれば、表現豊かな個性をもつ手書き文字がネット上でも行き交うことになる。ボールペンで書いた文字も、パソコンでも一貫した文字で表現される日が実現するのも、まんざら夢ではないだろう。

21

メディア支配は囚われの身？

今の時代、私たちはネット社会とは切り離せない。四六時中、スマホに触ってＳＮＳやらゲームをしたりインターネットを見たり、音楽を聴いたりと、まるで身体の一部になったかのように密着している。インターネット利用者の比率をみてみると、一〇代後半から五〇代まで、ほぼ九割を超えており、男性に至っては一〇〇％近くにまで達している（総務省、二〇一八）。スマホにしてもパソコンにしても、日常生活においては必需品であり、これがないとコミュニケーションもとれないし、何かわからないことがある時の調べ物すらできなくなってしまう。まさに「魔法の箱」と呼ばれる所以（ゆえん）である。今や欠かせないメディアであるけれど、時々ふとなんだか面倒に感じている人はいませんか？

最近まで基幹メディアと認知されていたテレビなどは、思えば実に簡単で楽ちんである。リモコンでスイッチを入れたら、後は何もしなくてもそのままコンテンツが飛び出してくる。ごろりと横になって見たり、雑誌やスマホを見ながらといった並行視聴も可能である。長きにわたって、どこの家庭にも浸透した要因の一つに、この操作性のシンプルさがある。

スマホやパソコンで仕事をしたり動画サイトなどを見ているあなたは、最初から最後までこれらの端末を頻繁に操作しながら、時には何時間も同じ姿勢を続ける。ドライアイやＶＤＴ症候群などとの関係も指摘されている。スマホやパソコンを自由に支配していると思っているあなた。遠くから見ると、実はそこから離れられない囚われの身である姿がわかる。もっとテレビのようにシンプルで楽な操作ができればと願う人は多いだろう。

解説　ネット、モバイル依存症

ネット人口が九割を超える今日、家庭や職場あるいは学校と、スマホやパソコンに接する機会は日常的になった。またモバイル（スマホ）も一人一台の時代となり、常に持ち歩くメディアとなっている。このようにネットとモバイルが生活の中に入りこんできたことにより、以前には見られなかった現象が出現している。ネットを利用するためパソコンに接するには、キーボードやマウスを使いながらモニターの前にずっと固定したまま体全体はほとんど動かない。猫背になったまま、ずっとモニターを見続ける。ここから眼精疲労やドライアイなどのVDT症候群、肩こりや腰痛といった肉体的な弊害が生じる。

スマホでは常時小さな画面を見続けることによる眼精疲労や両目が寄ってしまう寄り目現象などの症状が出てくる。パソコン同様に、猫背になり首が前に出てくることによる肩こりや頭痛などの諸問題も発生してくる。さらに長時間にわたるネット閲覧、ゲーム、SNSなどで接することによって、そこから逃れられなくなる依存症が大きな問題となっている。丸一日パソコンの前に座ったり、ずっとスマホに接触していることによって、現実世界とのボーダーがなくなり、精神的に不安定になる症状である。すでに八〇年代から指摘されていたテクノストレスの問題と共通する。ネット依存症、スマホ依存症といった問題に、今後向き合う必然性が大きくなるだろうし、真剣に考え予防していかなくてはならないメディアの負の部分があることを忘れてはならない。

22 変化するメディアのメリットの適合化

どこでもつながるモバイル（スマホ）。長く固定電話に慣れ親しんできた世代にとっても、この便利さは今では当然のことと受けとめられている。しかし新しいメディアの登場によって享受できるメリットも、時間の経過と共に変化していくことを忘れてはならない。初期の頃、携帯電話はまだ高価で法人や一部の富裕層のクルマに自動車電話としても利用され重宝された。トランクに取り付けられた携帯電話専用の独特な黒いアンテナ棒が、当時は珍しくて羨望の眼差しで見られたものである。ところが誰でもモバイルを持ち歩くようになった今では、自動車専用の携帯電話は見られなくなった。モバイルさえあれば、車内でも話せるようになった。ところがこのことが、逆にクルマでの利用に制約を受けるようになった。モバイル利用時の交通事故が、多く発生するようになった社会事情が大きな理由である。

確かに片手でスマホを持って操作し、もう片手でのハンドルさばきでは、運転自体も注意力も散漫になりやすいだろう。移動しながらいつでもどこでも通じるユビキタスの考え方は、実現したにもかかわらず、利用者の急増によって思わぬデメリットを呈する羽目となったわけである。今では一般的になったブルートゥースのコネクトによる通話は認められるとか、イヤホン型の場合に限るとか、自治体によってその規制は必ずしも統一されていない。新たなメディアの登場に伴うイノベーション（新たな使用）への行政側のメディア対応が立ち遅れる典型的な事例である。コネクティドカーと呼ばれる常時インターネットと接続しているクルマの登場により、また新たな規制が生まれてくるかもしれない。

解説　メディアのもつイノベーションと適合化

新たに登場するメディアには、二重の意味でのイノベーションがある。それはそのメディア自体が、旧来のモノに対してイノベーションであるということ。そしてメディアが実際に利用されるようになると登場するのが、二つめのイノベーションである。それまでとは異なる新たな利用法や広く共通して行われるカスタマイズなどである。そのイノベーションに対応して、行政側からもさまざまな規制が生じることになる。例えばスマホを例にとると、その料金設定もあり当初の大方の予想に反して、通話そのものよりもメールやLINEなどのコミュニケーション・ツールが広く普及することになった。SNSという言葉が新たな言語としてまで定着してきたのは、広義のイノベーションともいえる。またカメラ機能は盗撮や無断撮影を防ぐために、強制的に大きなシャッター音を設定。電車内や公共の場での通話の禁止など枚挙にいとまがない。

このように新たなメディアのもつイノベーションは、常に社会システムに適合する形で取捨選択しながら熟成されていくのである。それは戦後七〇年間、テレビがそのイノベーションをうまく社会に適合させながら、基幹メディアとして君臨することができたことを考えれば、理解できるだろう。

23 便箋と封筒

メール全盛の中で、珍しく封筒に入った手紙を受け取った。記念切手が貼ってあるずっしりとした封筒を手にしながら手書きの宛名を見ると、なんだか懐かしいものに触れたような気すら起きてくる、そんな時代になってきた。最近では公的なものから私的な内容のものまでほとんどの手紙を、SNSやメールでやりとりする人が多くなってきた。先日重要な案件についてプライベートな事情や考えを書いてメールで先方に送ったところ、関連する会議の時に送付したメール内容がそっくりそのまま印刷されて回されているのを見てびっくり。メールの送信先の人にだけ読んでもらうことを前提に送ったのに、複数の人の目にさらすことに。こんな経験をもった人は、実は意外と多いのではないですか？　また私的なメールを送ったつもりなのに、いつのまにか転送されてほかの人も知っていたなんてことがありませんか？

郵便でやりとりする手紙は、葉書か封書に入っている。例えばこれをコピーして人に見せたり、また新しい封筒に入れて誰かに送るなんてことは、通常は考えられないことである。長い歴史をもつ便箋と封書による郵便の手紙は、ほどよいプライベート性と信頼性を培ってきた。一方急速に広がった電子メディアによるSNSやメールには、そのようなほどよい信頼性やエチケットがまだ定着していない。新しいメディアの宿命ともいえる。そういえば、いつだったか恋人への別れの言葉をせつせつと綴った間違いメールを受け取ったこともあったけれど、単純に笑えない話である。読者のみなさんも身に覚えはないですか？

解説　デジタルとプライバシーの問題

　手紙は長い間、国家の郵便制度のもとに発展し利用されてきた代表的な通信手段である。情報となる信号は便箋に書かれた文字であり、封筒によって保護され切手を貼ってやりとりされる。便箋に書かれた文字を読む行為は、日記の文字を読むのに等しいくらいにプライベート的な行為となる。通常は、文字がしたためられた便箋のみでのやりとりは、手紙としては成立しない。

　ネット上のメールは、サーバーからのIDとパスワードを使うことによって、プライベート性は保持されている。しかしながらいったん受け取ったメール情報は、共通のプラットホームであるパソコンやネットを通して、自由に加工したり転送したりすることが容易である。いわばプライバシーを保持する封筒的機能が広く存在しないのである。デジタル情報の便利さが、一転してデメリットとなることもままある。しかし一番の盲点は、ユビキタス的にいつでもどこでも送受信できるメールを、そのフットワークの軽さからプライベート性や重みを感じ取れずにやりとりしている現状と、そこでの合理的で紳士的なコミュニケーション・ルールがまだ成立していないことに起因するのかもしれない。

24 メールのエチケット

いつでもどこでも一瞬にして送れるＳＮＳやメール。郵便の手紙に近いといわれるメールを考えただけでも、そこでのマナーやルールには、首をかしげるようなものが多々ある。例えば返信メールに、相手のメールをそのまま返して打ってくる人が実に多い。アドレスやタイトルをいちいち打たなくても、返信ボタンを押すだけで送れるメールソフトの問題かもしれないが、返信に「Re：」と来たり、あるいは「Re: Re:」というものまである。特に時間性が問題となるビジネス界ではよくみられる行為である。

しかしながら、このビジネス界の慣習であるこの「Ｒｅ」をプライベートでもらった時はどうだろう？自分が書いた文章を、結果的にまた読まされる送り手の気持ちも考えてもらいたいところである。郵便の手紙で、もし自分が書いた手紙が返信で封書の中に入っていたら、誰でも驚くことだろう。返信ボタンを押してタイトルに「Re：」が付くのはやむを得ないとしても、せめて相手の文書だけは削除する手間暇はかけて欲しいところである。

そういえば、最近通常の郵便物にも、自分が出した手書きの手紙の差出人のところが切り抜かれてそのまま宛先として貼られていたのを見て驚いたことがある。これなんぞまさにメールでの安易な返信の習慣が、紙媒体の旧来からの手紙にまで影響した例だろう。送ったメールの返信で、タイトルまで新たに書いてあるメールは、残念ながらさほど見られない。みなさんもそのまま返信ボタンを押している方ですか？

解説　メールとマナー

今日仕事においても私用においても、SNSやメールなしにはコミュニケーションは難しい。毎日頻繁に目にするメールであるが、通常の手紙ほど長い歴史をもたないがゆえに、そこでのエチケットやルールは確立されてはいない。

ネット上で文字とわずかな記号（絵文字、顔文字など）のみでやりとりされ、送り手の気持ちを知る手がかりは、それ以外にはほとんどないコミュニケーションである。そういう中で円滑なコミュニケーションを行うためのメールの作法が、新たなリテラシーの一つであるネチケットと呼ばれるネットマナーである。ネチケットとは internet と etiquette の合成語である。長い歴史をもつ手紙の作法が、主として文章の書き方や作法であるのに対して、メールではその前段階での心構えやポリシーがメインとなっている。自己責任をもって、プライバシーを侵害せず、かつ不快感や誤解を招かないような内容に、というのが主だった項目となる。また添付データも送れることから、著作権の侵害への注意等、ネット上のメールならではのマナーが存在する。細かな文章作法のレベルまでは、まだ成熟していないということかもしれない。

それでも、改行は適度に入れて見やすくする、大きすぎる添付ファイルは事前に知らせる、絵文字等はあまり多くなく、といったような文章作法上のルールも少しずつ広がってきている。新たなコミュニケーション・プロトコルがみられる典型的な分野である。

25

共通の思いこみ

夜に行われる大きなスポーツの祭典や競技会場で、次々と放たれるスマホやデジカメのフラッシュの嵐。テレビで映し出されるその模様は、あたかもフラッシュの巨大な渦にすら見える。同じような光景は例年各地で行われる夏の花火大会でも見られ、鮮やかな大輪の花火が打ち上げられて歓声が上がるたびに、一斉にフラッシュがたかれる。

ところが、写真アプリを起動してみてびっくり。何も写っていないか、ぶれたピンぼけの画像ばかり。どれもうまく撮れてないのである。よく考えてみれば、あんなに遠くまでフラッシュの光量が届くはずもないし、カバーすることもできないことに気づく。それはまるで星空に向かってフラッシュをたいて撮れば、鮮明に写ると勘違いしているのと同じことなのだから。そうはいっても、暗いところではフラッシュをたけば何でも写ると思うのは人情である。実際数メートル先くらいまでのポートレートなら、たいていのスマホやデジカメのフラッシュで写るのだから。「暗闇ではフラッシュをたけば写る」という固定観念は、部分的には正しいものの、あらゆる場合には適用できない。このように一見正しくみえながら、実は間違っている行動や考え方で、広く多くの人たちに採用されているものが、共通の思いこみである。いわば一般的に支持されている共通の勘違いや思いこみである。このような勘違いから夜間撮影の失敗が多いためか、多くのスマホやデジカメには、オートモードで夜間撮影が可能となるよう設定されていたり、デジタル技術の進化で最低被写体照度も、より暗いシーンでもフラッシュなしで撮影できる範囲が拡大している。

解説　先入態度と先入観

　これらは先入態度と呼ばれるもので、固定観念、ステレオタイプ、紋切り型などが含まれる。一定の対象についてもたれる固定した集団態度である。心理学者のブルーナーとグッドマンは、一〇歳の子どもたちに、一セントから五〇セントまでのコインを見せて記憶させ、その後で、同サイズの円形光を当てる実験を行った。すると貨幣は金額が上がるにつれて、過大視されることが注目されたのである。このように利得的な対象であれば、認知判断の間違いが生じる。社会心理学者の南博は、「誰もそう思うから」とか「誰でもそう言うから」といった風習的判断に基づくと指摘している。

　本文でのエピソードは、デジカメに付加価値として付いているフラッシュやスマホのLEDフラッシュの効用性についての先入観である。フラッシュがあれば、暗闇でもシャープに写るという、よく知られた効用性を利得的な要因と考えれば、理解しやすい。このような共通の思いこみの間違いは、意外と見逃されやすい。

26 ゴルフレッスン

澄み渡った青空、広々とした緑に包まれたコース、爽やかなそよ風を感じながら豪快に飛ばすドライバーショット。ゴルファーなら誰しもが憧れるシーンである。そうなるまでには人には言えない苦労の日々。会社が終わってから、あるいは週末にせっせと練習場に通う。上達をめざしてレッスンプロに教わるゴルファーたち。ところがこのゴルフレッスンがなかなか難しい。というのも、初心者にはなかなか指導するプロの言葉の意味がわからない。「はい、力を抜いて！」と言われても、どこの力を抜くかわからない。さらに「脱力して軽く振りましょう！」などと言われると、まるで上半身がタコのようにクニャクニャして、初心者に多い典型的なミスショットであるダフリやトップなどが続出する始末。少しわかってきて、腕の力を抜くことだとわかってくると、今度は「力を抜いたまま、強く大きく振りましょう！」などと言われてまた困ってしまう。力を抜いて、どうして力強いスウィングができるの？と思わず悩んでしまう。これらの現象は、教える側と教わる側の認識マップが異なることによるものである。しゃかりきになって何も理解しないまま振り回している初心者にとって、指導するプロの言葉の意味はわかっても、伝わらないのである。

つまり観念としては理解できても、実感としては理解できていないわけである。これは認識マップの深さの違いによるもので、例えば子どもに人生の意味を語っても、実感として伝わらずなかなか理解されないのと同じである。コミュニケーションの根本である「伝える」ということの難しさは、読者のみなさんも日々感じていることではないですか？

解説　認知的スキーマ

プロゴルファーの言う「軽く振る」、という意味と、初心者の考える「軽く振る」は、全く同じ意味ではない。膨大な経験を積みプロのレベルまで達した者の言う意味は、わずかな経験値しかもちえない初心者にとって、その多段階なレベルの意味を一つずつ完全に理解するのは容易なことではない。図式あるいはシェマとも呼ばれるスキーマは、認知対象を意味づける内的な枠組みである。多くの場合は自分のスキーマに合致した範囲内での選択が行われるために（自己スキーマ）、さらに混乱することになる。プロの言う本来の意味は、ゴルフクラブのヘッドの重さを感じ取れるくらい柔らかくゴルフクラブを持ちながら、ハンマー投げのように高速に遠心力を使って振り切るということである。軽く振るということと力を入れずにいい加減に振るということを混同しやすい初心者にとっては、このスキーマを理解することは難しい。

27 コンビニ弁当の心遣い

おにぎりやお弁当といえば、今ではコンビニで買う物というのが一般的になっている。最近のお弁当は従来のワンパターンのタイプから、お寿司や鰻丼、はては懐石風までと実にバラエティに富んでいる。競争の激しいこの業界では、ほかのコンビニチェーン店にはないさまざまな特色をもたせたおにぎりやお弁当が並ぶ。限られた価格設定の中での創意工夫は、利用者にとってもありがたいことでもある。見た目の美しさから味や食材のバラエティさに至るまで、その熟成度が感じられる。ところが、ささやかではあるが重要な点が見落とされがちなことに気づく。それはお弁当を買って開けるまさにその時のことである。フタを開けようと思っても簡単には開かない。側面を見てみると、そこにはしっかりとセロハンテープが貼ってある。あの紙の補修などに使う文房具のテープである。これから食事をとるのに、オフィスではがすのと同じ感覚ではがすわけである。これほどバラエティに富んださまざまなコンビニ弁当が発売されている中で、事務用と同じセロハンテープを使ってフタを留めている弁当の多いことに驚かされる。せっかくのおいしそうな創意工夫の努力も、このテープで興ざめである。これら弁当をはじめコンビニに並ぶ商品は、それぞれメッセージ性をもって、私たちにアピールする。

コミュニケーションにおいてメッセージとは、一般的に一貫したメッセージ性の中で統合されてとらえられる。コストの問題もあるかもしれないが、利用者に優しい思いやりや心遣いを末端部分まで感じさせるポリシーが欲しいところである。やっと最近になってお弁当専用のカラフルなカラーテープや、ミシン目が入り切れやすくなったものが見られるようになってきましたが、気づきましたか？

解説　認知構造とスキーマ

セロハンテープ＝文房具というイメージは、一般的に認知されたものである。お弁当≠文房具ではないのだから、セロハンテープ≠お弁当という図式が成り立つ。このように過去の体験や知識をもとに、より類似した事柄や新たな体験に当てはめて解釈を行うのが、認知構造である。本来その対象となるものに伴うイメージや意味づけなどの内的枠組みがスキーマであるが、お弁当のフタを留めるセロハンテープに違和感があるとすれば、それは今までの体験をベースとした情報に基づくスキーマに連結したイメージではないことになる。ただ、スキーマ自体も固定的ではなく、異なる情報や新たな環境での体験等によって流動的に変化することもありうる。同じセロハンテープでも、カラフルな色の付いた、文具のそれとは差別化したテープが普及すると、お弁当のフタを留める専用のカラーテープというスキーマが自然にできあがるかもしれない。

28

耳を澄ませば

ふだん何気なく聞いていて、聞き落としている音。それが私たちの日常を取り巻く生活音。ベランダに出て目を閉じて静かに耳を澄ませば、聞こえる聞こえる、さまざまな生活音が。

車の音、バスの音、クラクション、遠くにかすかに聞こえるサイレンの音、自転車のブレーキ音、電車が通過するコトコト音、はるか上空から聞こえるジェット機の音、遠くながら低重音で響く船の汽笛。また子どもたちの遊ぶ声、幼児の泣いている声、大人たちのおしゃべり、人の歩く音、誰かが木を叩いている音、工事のドリル音、布団を叩く音、窓を開け閉めする音、玄関のドアが開く音、風呂のスイッチを入れるカチカチ音、庭にまく水の音、近所のテレビの音、近くの寺院の鐘の音、廃品回収の拡声器からの声。これらの生活音に加えて、小鳥のさえずり、カラスの鳴き声、犬の鳴き声、風きり音、風になびく木々の音といった自然界の音も聞こえてくる。

ざっと数えてみると、実に二七種ものさまざまな音が耳に飛び込んでくることにびっくり。これらはベランダの窓を開けて外に出ると、ブ～ンという一種のハム音として耳に届く。ふだんは何気なく耳に入っていても、ほかの専念する行為に気が向いていて、音声としては認識されていない。この行為は選択的注意と呼ばれるもので、不必要な情報は聞こえていても単なるＢＧＭとして処理されているわけである。みなさんもテレビを消して静かに外の音を聞いてみてください。さて、あなたにはいくつの音が聞こえてきましたか？

解説　選択的注意

私たちは同時に多くの情報に接する時、そのすべてを均等に取り入れているのではなく、一部のものに反応している。意識的あるいは無意識的な情報処理における選択性は、さまざまな段階にみられる。その中でも選択的注意とは、外部からの刺激や情報に対して、特定の情報が選択され受け入れられる過程を指す。

ふだん人間の耳には、ここにあげられたエピソードのように多種多様な音が聞こえている。その多くは無意味で不要なもの、あるいは単なるノイズにすぎないと認識されるものが大半で、実際には聞こえていながら、自然と選択外のものとして処理されている。この現象は、適応や慣れというコンセプトで説明することもできる。

特に選択的注意の中で、言語コミュニケーションにおいて顕著にみられるのが、カクテルパーティ現象である。パーティ会場などで人と話をする時、雑踏の中で周りの会話や大きなＢＧＭの音、司会のアナウンサーの声などであふれていても、話し相手の言葉や複数相手との会話の興味ある部分については、聞き分けられる。これがカクテルパーティ現象といわれ、選択的知覚とも呼ばれる。

29

真夜中の訪問者

草木も眠る丑三つ時、熟睡しきっている、とその時に、「ブーン」と顔に迫る怪しい音。「え？ これは？」と思わず寝ぼけながらも不思議に思いつつとまどうのは、私だけではないだろう。この独特の嫌な音をたてながら迫り来るものとは、そうあの「蚊」である。でも今はもう冬が近い。「なのになんで蚊がいるの？」と、寝ぼけていなくても妙に思うのは当然だろう。秋から初冬にかけて雌の蚊は、残された短い時間の中、産卵のための新鮮な血を求める。寒さの中まさに命がけで吸うのである。種の保存へ動く生物のすさまじさである。でも蚊にさされるのは、真夏の蒸し暑い頃という固定観念がある。このように一般的に固定して認知されたイメージをステレオタイプと呼ぶ。特にこのように季節とリンクしているものは、シーズナル・ステレオタイプとも呼ぶべきもので、季節に相応している俳句の季語のようなものといえようか。今ではこのような季語的なステレオタイプも、異常気象などの影響で狂い始めていることも事実である。季節はずれの真夜中の訪問者も、暖冬などの影響もあるのかもしれない。秋が深まっても、ちょっと気の利いた小料理屋や喫茶店などでは、部屋の片隅の目立たないところに、電子蚊取り器がいまだにそっと据え置かれているのをご存じだろうか？

解説　シーズナル・ステレオタイプ

夏はぎらぎらした太陽の下、汗をかきながら冷やしたスイカを食べる。あるいは真冬の冷たい風にさらされながら雪合戦で遊ぶ、と季節に応じたさまざまなシーンが頭に浮かぶ。これらは四季に相応した典型的なステレオタイプ的なイメージである。

紋切り型とも呼ばれるステレオタイプは、社会集団が特定の事象に抱く共通のフレームワークであり、固定化、画一化、単純化されているところに特徴がある。蚊は蒸し暑くて汗をかく時に出てくるもの、という一般的に広く認知されたイメージがある。

ジャーナリストで政治評論家のW・リップマンによるとステレオタイプとは、外界の対象物を客観的に認知するというよりは、認知する主体の「頭の中の映像」に基づいて判断を下すものとされる。したがって客観的事実とは異なるものとして歪められたり、ずれが生じたりする可能性がある。

ここでの例は、認知する側のずれや歪みというよりも、対象となる事象の客観的ずれによって生じる、ステレオタイプ不適合のケースといえよう。夏に出現する蚊という生物が、初冬に現れる現象にステレオタイプの縛りによって、一瞬対応できない事例である。このような季節に伴うステレオタイプも、異常気象といった客体側の変数により、今後少しずつ変化していくこともありうる。ちょうど俳句の季語の中にも、今日では季節的なずれがみられるのと同じであろうか。

30 黒と白の世界

一心不乱に試験を受ける学生さんたち。大学生にとって単位を取ることは、本来の目的である。シーンと静まりかえった教室。カタカタとシャープペンの音と、ジーンとエアコンの音のみが響く。教壇から見回すと、目に映る光景はいつもより黒っぽく見える。当然である。すべての学生さんが答案に向かって頭を垂れているからである。目に入るのは、学生さんたちの頭ばかり。白髪の人も禿げている人もいないので、当然ながら真っ黒となる。そういえばふだんは顔をあげているので、視界は全般に白っぽくなる。

いつか三千人もいる大教室（というより大講堂）で講演したことがあるが、聴衆からのこの白と黒の視界が、反応のバロメーターとなったことがある。おもしろいトピックの時など一斉に白っぽくなる観客席も、硬い話が続くとだんだんと黒っぽくなっていく。教壇や演壇に立つ者のみが知る世界である。集団が知らず知らずのうちに行っているコミュニケーション反応であり、気づいている人は少ない。

同じ反応でも、中高年のおじさんたちの場合には白か黒ではなく、白から白じゃないの？というのは、少し意地悪な見方かもしれませんね。

解説　ヒューリスティックスにみる集団の反応

講義や講演などで話をしている講師にとって、聴衆の反応は気になるところである。おもしろければ、彼らは満面の笑みを浮かべて笑ったり明るい表情で反応する。そこまでいかなくても、眼が輝いたりじっと見つめたりという反応で、話し手の話に聞き入る。これらは聞き手が興味や関心をもっている時の一般的な反応である。ところが通常の講義などでは慣れもあり、このような明確な反応は少なく、聞いているのか聞いていないのかわからない場面も多い。ここでのエピソードのように、話し手の視野が白く映るか、黒く映るかといった簡単な方法で聴衆の熱意を判定する方法は、ヒューリスティックス（発見的教授法、問題解決法）と呼ばれるものである。私たちは何かの問題解決をする際に、簡略的な発見法で判定して行動することがままある。例えば、たまたま行ったレストランで待ち客が多く混んでいると、「流行っている店」と判定するやり方である。

教室で熱心に講師を見て聞いている学生の数を、アシスタントに正確に数えてもらって、集団全体の熱意を正確に判定するやり方は、アルゴリズムと呼ばれて、ヒューリスティックスと対置概念におかれるものである。認知心理学者のD・カーネマンとA・トヴァースキーによると、人々は一般にアルゴリズム的に問題解決や判定を行うのではなく、より簡易的な解決法であるヒューリスティックスに依存していることが多いことが報告されている。

31 ルーティン・フォーマット

いつもの定時ニュースのテレビ放送。ゆっくりとかつ明瞭に話すアナウンサーの声が耳に入る。おや、今日はピッチが変だぞ、なんて思っていると、案の定ニュース番組には珍しく、咳きこんだりするシーンが出てくる。実は風邪をひいていたのである、このように私たちは、いつも聞いているアナウンサーの声の調子やリズム、あるいは息継ぎのタイミングなどを特に意識することなく、情報として記憶している。なぜなら多くの場合、同じ行為がいつも一定の頻度で登場することを知っているからである。

このことは他人のみならず、自分の行動を振り返ってみてもいえることである、例えば朝起きて、洗面をする時の行動を思い出してみてください。顔から洗うか、歯磨きが先か。顔を洗う時にどこから洗うか、あるいは歯ブラシは最初にどこにあてるか、これらはすべて実は人によって順序がいつも決まっているはずである。

人の行動は、常に同じ行動が一定の頻度で出現するところに特徴がある。つまりどんな小さな行為でも、その人特有の型があり、それが忠実に同じ頻度で登場することになる。いわばルーティン・フォーマットとでも呼ぶべきもので、決まりきった型の表現である。人のパーソナリティは、実にこのような決まり切った行為が一定の頻度で再現されたものともいえる。

それゆえ、あなたの目の前で、上司がコーヒーに入れたミルクをかき回すピッチがいつもより早くなったら、そそくさと引き上げた方がいいかもしれませんよ。

解説　スキーマと習慣化

人の話し方、音質、大きさ、それらに伴う表情や仕草といったものは、多くの場合一定でその人らしさを醸し出す。いわゆる広義のパーソナリティの範疇に入るもので、個性とも呼ばれるところである。私たちは、特定の人のそれらの行動を頭の中で一まとめにして記憶している。これが一般にスキーマと呼ばれるものである。

対面のコミュニケーションではなく、テレビを通したコミュニケーション、それもニュース報道のアナウンサーとなると、最も公式で正確さが問われるスピーチコミュニケーションとなる。全国ネットワークのニュース番組での表現は標準語で話され、現在普及している言語の基準ともなる話し方となる。

さらにテレビで何度も繰り返し放送されるイメージは、視聴者の頭の中に活字の印判のような紋切り型を形成しやすい。いつも見ているアナウンサーのしゃべり方、そのピッチ、キーの高さ、太さ、それらに伴う表情や癖といったのは数回見るだけで、スキーマとして記憶されやすい。一定の習慣的パターンで繰り返される行為や、他者の認知などは、極力脳に負担をかけないいわゆる「認知節約の原理」と呼ばれる原理が働く。その典型としてそれぞれに固有のスキーマをもって対処している。その象徴がニュース報道のアナウンサーの話し方であり、私たちは正確に彼らのスピーチコミュニケーションを記憶し、その再現を当たり前のように毎日聞いているのである。

32

デジタル時代のインフォームド・コンセント

　最近の情報公開の流れは、医療現場まで広がってきている。またネットを使って、処方薬の成分や効果などの情報も簡単に入手できるようになった。抜歯をすることになった知人の話から、最近の情報公開の様子を垣間見る機会があった。かかりつけの歯医者さんから、抜歯のアドバイスをされたとのこと。神経もぎりぎりまで抜かず、歯もできるかぎり抜かないことで知られている評判のよい歯科医師である。まずレントゲンを撮り、それから歯を削って中を見た段階で、思いもかけないものを見せられる。それは、ファイバー型の超小型カメラである。これを使って自身の歯の中の状態をモニターで見るわけである。先生の説明では、問題の歯の中が割れているとのこと。確かにモニターに映し出された歯は縦に深く裂け目が見えて、これではもたないなと知人は実感したそうだ。

　情報機器の進化によって、今までは専門家しか見ることができなかった正確な情報もリアルタイムで確認できるようになった。ここまで見ると、抜歯も致し方ないと患者側が本当に納得できるわけである。専門的な説明や言葉だけでは、理解できないことも ままある。インフォームド・コンセントというと何か難しい意味合いのような感じを受けるが、正確な情報を客観的に提示するのもわかりやすい情報開示だろう。みなさんのかかりつけの歯医者さんも、ここまで親切に情報を開示してくれますか？

解説　デジタル時代の新たな自己スキーマとインフォームド・コンセント

科学技術の進歩は、私たちの体内すらものぞくことを可能にした。口腔内や歯のみならず、ファイバースコープなどの発達により、もっと深い体内までもリアルタイムに見ることができるようになった。内視鏡からモニターを通して映し出される自己の胃や腸、初めて見た人は、表現しがたい気分になるだろうし、気分が悪くなる人すら出てくる。

本来人がもつ自己スキーマは、さまざまな体験を通して積み重ねてきた自己についての認知的総括体である。デジタル技術の進化に伴う、このような新たな自己世界との遭遇は、アナログ時代には考えられなかったほどの新たな自己イメージを生み出している。かつてレントゲン写真で肺の映像を見た時の比ではない。最新の映像技術の進化により、あたかも内面の臓器をあるがままに映し出すことも、やがて時間の問題となろう。

この生物的な内なる自分の認知と了解は、従来からの自己スキーマの概念に一考を要することになるかもしれない。生命体としての自己概念は、医療におけるインフォームド・コンセントの意識と共に、自然と構築されてくることになるだろう。

33

かけ放題通話の妙

通信技術の革新はめざましい。今ではSNSを介しての通話ができるようになった。同じSNSのメンバー間では、通話はおろかTV電話なども無料でやりとりができる場合すらある。インターネットを介した信号により可能となった新たなコミュニケーションである。距離に比例する課金システムを採る場合や、かけ放題とはいっても一定額を要する電話会社にとっては、大きな脅威となってこよう。でも単身赴任のお父さんや、遠距離恋愛のカップル、長電話好きの女の子たちには、まさに福音になるかも。

さて、この単身赴任の人の話である。SNSの無料通話の恩恵に浴して、初めはそれこそ一時間を超えて家族と延々と話をしていたとのこと。すると不思議なことに、だんだんと電話のコミュニケーション・スタイルが変化してきたという。毎日だらだらと長電話をしているうちに疲れはて、結局もとのように手短に話す習慣に戻ったそうだ。

興味深い話である。電話は有料というシステムの中で育った私たちは、格安あるいは無料となった瞬間に、一気に時間や料金を気にかけることなく話しまくる。あるいはそうしたいと誰でも思いがちである。ところがこのエンドレスの螺旋（らせん）状態に突入した段階で初めて、終わりを見つけることの難しさを知るのである。

だらだらと話して緊張感なく切ることを繰り返すうちに、倦怠感が生まれる。要領を得たキレやメリハリもなく。そこで初めて、限定された中でのコミュニケーションの価値を再認識するのである。

新しいメディアにいつも多大なる夢を抱く私たち。でもそこには、見慣れぬ落とし穴も待っていることを忘れてはいけない。

解説　認知的節約原理と適正値

インターネットの世界では、膨大な情報があふれている。私たちは、その中の価値ある情報を効果的に利用しているかというと、必ずしもそうとはいいがたい。私たちユーザーの処理能力限界の問題もあり、最終的には従来のマスメディアで慣れ親しんできた利用パターンに近似するものになっていくものと考えられる。なぜなら人の情報処理システムは、最も負荷の少ない方法で問題解決する傾向があるからである。いわゆる認知的節約原理である。

電話においても、エンドレスの時間が与えられると、最初の頃こそ多くの情報が行き来するものの、やがて適正な時間数や情報量に収斂（しゅうれん）していくものと思われる。膨大な情報量やコミュニケーション量に接した時、必然的にそれらを自分なりに選択し、編集し整理するといったカスタマイズ行動が出現する。その多くは、過去の長い期間に蓄積された同様の情報行動パターンを前提にしているものと考えられる。

34

一瞬のコミュニケーション

深夜までやっているコンビニ。私たちはそこで何かを買い、最後にレジの前で支払う。と、その時である。バイトのお兄さんが、無造作に釣り銭とレシートを渡す。この間わずか数秒のできごとである。客の出した手のひらに、ぽんと投げるようにお金を落とす。ほんの一瞬のことではあるが、何とも冷たい感じである。片や新幹線の中のワゴン販売で、飲み物を注文した時のこと。千円札を渡すと、にこやかな表情とともに「ありがとうございます」と述べた後、そっと優しくお釣りを手のひらにのせてくれた。両者の違いは象徴的である。コンビニでのお兄さんの受け渡しをよく観察すると、高さ数センチくらいの所から落とすように渡したり、レシートと共にお釣りをそのまま無造作に押しつけたりと、わずか一秒くらいの速さの中で処理され、ほとんど接触することがない。

それに対して後者のタイプやデパートなどの店員の渡し方は、二〜三秒以上かけてゆっくりと渡しかつ接触する。さらにこのゆったりした時間の中で、同時に発せられる声や表情も連動して、客への感謝の心地よいコミュニケーションが伝わってくる。思えば、コンビニなどでバイトする若い世代は、ゲームなどのバーチャルな空間に慣れ親しみ、対パーソナルな関係の中で接触するという習慣があまりなかったのかもしれない。京都のある老舗でお釣りをもらう時に、「おおきに」と言って両方の手のひらで優しく包んで優雅に渡してもらった時は、本当に感激ものだった。読者のみなさんもお釣りの渡し方のパターンを観察してみたらいかがですか？

解説　接触によるコミュニケーション

ショップで何かを購入してお釣りをもらう時が、私たちが一歩外に出て第三者と接触する一番多い機会だろう。日常の何気ない行為であるが、ここにもこの数十年の間に大きな変化がみられるようになってきている。

お釣りをもらうという行為は、お金という媒体を手渡される行為で、身体的接触が生まれやすい。これは動物行動学者のD・モリスが言う一種の身体接触結合サインである。握手、手をつなぐ、身体誘導、頭をなでる、腕を組む、といったようにさまざまなタイプがある。これらの中でもお釣りの授受といった行為は、他人との接触サインであること、経済行為に伴う必然的な行為で、一般に感情を伴わない事務的であることが特徴である。

以前は客への感謝やコミュニケーションの一環として位置づけられていたこの何気ない接触サインも、対面接触機会の減少に伴うデジタル化社会の風潮と共に、直接的身体的接触を伴わない、クールな事務的、機械的行為に転じているようである。ここ二〇年ほどの間に、このお釣りの渡し方に大きな変化が生まれてきている。それはお釣りを渡す時にレシートを先に手のひらに置いて、その上にお釣りのコインや紙幣をそっと載せるというスタイルである。これならば接触することなく、丁寧に相手に渡すことができる。人々の間で、最も適切で好感度の高いコミュニケーションとして定着してきた好例であろう。

35 目は音を制す

ズルズルズルッ！　ズルズルズルッ！　何の音だと思いますか？　そう、これはそばを食する音です。先日知人とおそば屋さんに入った時のこと。隣のテーブルにいかにもそば好きといった感じの中年の男性が、一人新聞を読んでいた。そこに「お待たせしました」とばかり、ざるそば一枚が登場。すっかり話の興に乗っている私たちの耳に、突然ズルズルズルッ！　ズルズルズルッ！　と豪快な音が飛び込む。シーンと静まりかえっていたお店の中で、かなり大きな響きである。まだ若い知人には不快な音に聞こえたようで、はす向かいのお隣さんに向かって、思わずじろっとばかり一瞥（いちべつ）した。別に眼（がん）をつけたわけでもなく、特に表情も変えずただ一瞬見ただけである。するとどうだろう。あたかもしぶきが飛ぶくらいの豪快な音を立てていたその人は、急に小さく静かな音にトーンダウンしたのである。まさに知人の目が彼の行動を制した瞬間である。

「目は口ほどにものを言う」と諺（ことわざ）があるが、このように私たちの目線や視線は想像以上に強制力を発揮することもある。ところでそばを食べる時のズルズル音は、わが国の食文化の中では決してマナーに反した行為ではない。むしろ気を遣わずにズルズル音を立てて食べるのが、自然とされるほどである。ところが食事の際に音を立てることは、失礼なことと見なす西欧文化の流れが片やある。食をめぐる両文化のぶつかり合うまさに典型的なケースである。これを読んでいるあなたは、音を立てる方、立てない方、どちらですか？

解説　支配的アイコンタクト

視線は典型的な非言語コミュニケーションであり、最も原初的な方法と考えられ、重要なコミュニケーション・チャネルである。正確には視線交差（eye contact）あるいは凝視（regard）と呼ばれ、その意味について研究が行われている。近年は個人空間との関係から注目されているが、その多様な意味については、心理学者M・アーガイルによると相互の会話あるいは数多くある社会的相互作用の一つの方法と見なされるという。

また心理学者のA・メラビアンの研究によると、視線と対人魅力の間には相関があり、見つめられた人は好意を自覚すると報告されている。ここでのシーンの例は、競争的場面での支配欲求のサインとも考えられる。まさに視線が力をもって他者にコミュニケーションをとったわけである。視線交差のもつさまざまなコミュニケーション・シグナルの例である。

36 思わず横歩き

あなたは道を歩いている時に、前から来る人を避けようとして、その人と右に左にシンクロした動きをしたことがありませんか？　恐らく誰でも経験があることだろう。対面の人をよけるために右に動けば相手も同じ、逆に動けばまたまた同じで前に進めない。はたから見ていると、まるでカニ二匹が向かい合って通せんぼをしているようなコミカルな動きに見える。いわゆる「姿勢反射」と呼ばれるもので、思わず対面の相手と同じ姿勢や動きをしてしまう現象である。通常は仲の良い友人同士によく見られるものであるが、このように見知らぬ人との進行の正面衝突を避ける時にも発生する。

ここでの問題は、人が進行する時の「位置取り」ということになる。もちろんこのような人の流れについての細かなルールはないが、交通機関の進行時の位置取りについては定まった規則が存在する。乗り物同士が対面して動きがシンクロしてしまうと、重大な事故につながる。そこで船や飛行機については、正面から向かい合って進行している場合には、お互いに右側に旋回するという国際的なルールが確立している。その理由として船長やパイロットの位置が右側だからとか、歴史的なものだとか諸説がある。

人間同士の場合でも、もし右なら右に避けるといった暗黙の了解や一般的なルールがあれば、例えば野球の試合中にボールを取ろうとした仲間同士のぶつかり合いも減るかもしれない、という私も、今日もまた見知らぬ誰かと通せんぼをしてしまうのである。

解説　姿勢反射と呼ばれる行動

一般に姿勢反射とは、一定の姿勢を維持する時に、意識下でのさまざまな反射の総体によるものとされる。ここでの姿勢反射とは、このような心理学的、医学的意味あいに、さらに社会的要因を加味して述べた動物学者D・モリスの説に従ったものである。

モリスは、個人内の姿勢反射というよりは、対パーソナルなシーンでのそれを指している。すなわち、親しみのある二人の間では、自然な身体表現の一つとして、無意識のうちに姿勢を反射するという。親しい友人と腰かけて話をしている時、頬杖（ほおづえ）をついている相手と、思わず同じ姿勢（頬杖をつく）になっていることがある。好意ある人に対して、意図的に模倣した結果ではないのか、という批判も成り立つが、無意識に行うしぐさなどを指す。しかし実際には、全くの他人でも、例にあるように、思わず反射的に同じ姿勢やしぐさをしてしまうことは、日常的に多々見られる現象である。

37 輝く彼女の目

今日は彼女の目が大きく見える、なんて経験はありませんか？　目を大きく見せることは、最近はやりのメイクによって比較的簡単にできる。マスカラやつけまつげをつけたり、アイラインを入れたりとさまざまなテクニックがある。

同じ目のサイズの場合に美しく見えるかどうかは、瞳孔の大きさによるところが大きいといわれる。大きい瞳孔は、目を大きく印象づける効果がある。動物の目と同様に私たち人間の目も、光によって伸縮するのはご存じですね。

私の飼い猫も、夜になると瞳孔が大きく開いて一段とかわいく見える。ところがこの瞳孔にはもう一つ重要な働きがある。それは刺激に対して好意的な反応の場合は、瞳孔が開くということ。もちろん光の明るさの度合いには関係なく。ちなみに私が愛猫に向かって、名前を呼ぶと、なんとみるみる瞳孔が開きしっぽを振って寄ってくる有様である。愛猫がご主人の呼びかけに喜んで答える気持ちが、瞳孔反応に表れているわけである。

このように瞳孔信号が気持ちを表すことが学問的に確認されたのは、まだ日が浅い。みなさんも、知り合いの女性の瞳がいつもより大きくきれいだなーと感じる時は、何かときめく好感度の合図かもしれないですよ。

でも真夏のぎらぎらと照りつけるまぶしさの中では、はたしてどうですかね？

解説　心理的瞳孔反応……………………

　心理学者E・H・ヘスとJ・M・ポルトらによる初期の研究によるもので、通常「ひとみの秘密」と呼ばれるもの。心理的に好感度の高い対象に対しては、瞳孔が開き、逆に低いものに対しては同じか、場合によっては縮小する現象を指す。

　例えば下の図を見てみると、「赤ちゃん」あるいは「赤ちゃんと母親」の写真を見て、女性の瞳孔が大きく開いているの対して、男性の変化率は小さい。逆に男女とも異性のヌードに対しては、それぞれ瞳孔が大きく開いているのがわかる。瞳孔が興味のあるものに対して開くのは、交感神経の興奮によって、瞳孔散大筋が反応するためと考えられる。

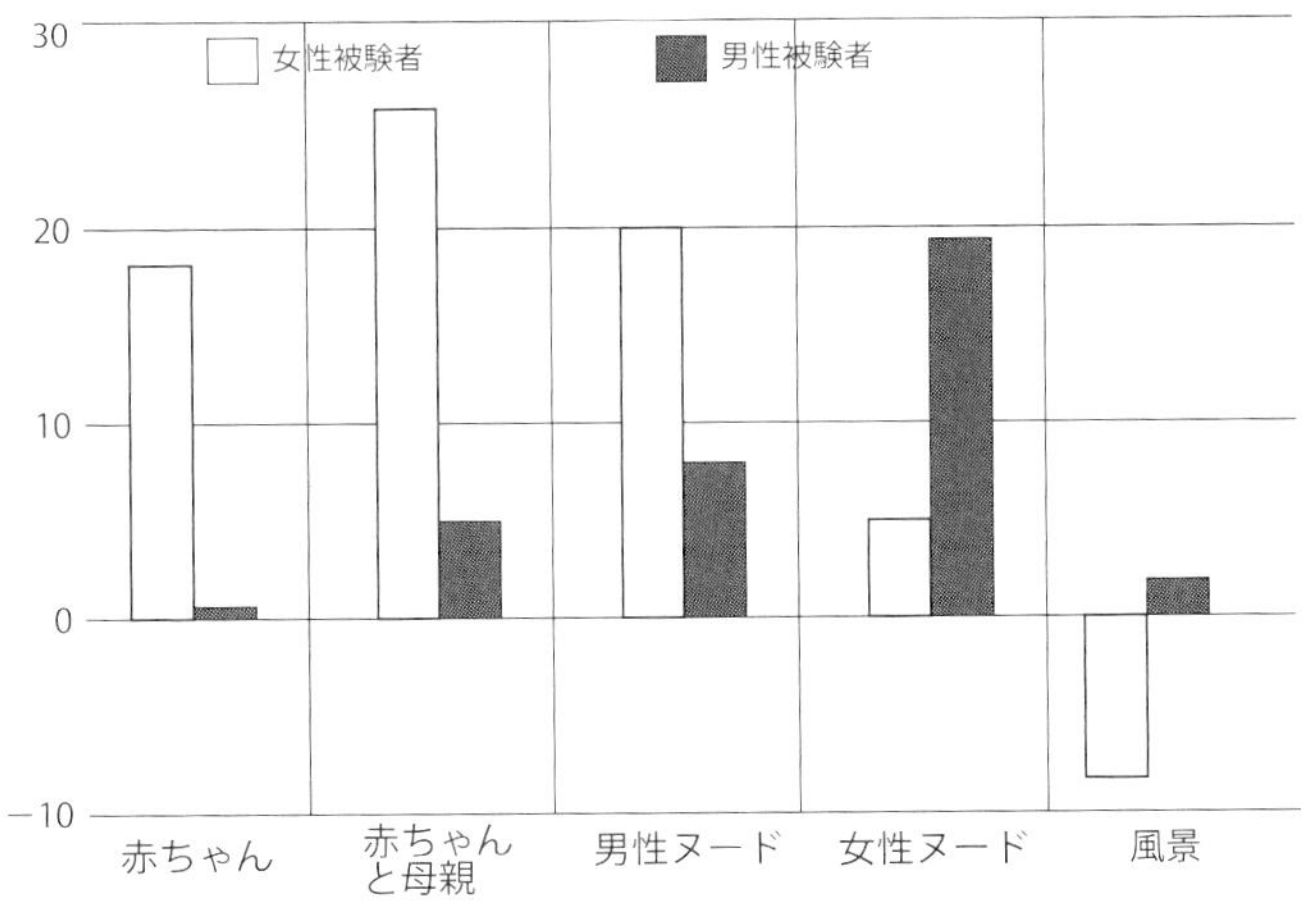

図　瞳の面積の変化率（Hess, 1975）

38

クルマのサインが示すものは

町はずれの十字路。右折したいが対向車がいる。そんな時に相手のクルマから、軽いクラクションやパッシングが送られると、安心して曲がることができる。みなさんも経験あることかと思います。

クルマから送られてくる信号はさまざま。ライト、クラクション、クルマ全体の動き、また場合によっては手による合図も含めて、千差万別である。このように、小さなクルマというモノから発せられるコミュニケーションは，音、光、人の身体言語にまで及ぶ。

だが、高速道路の追い越し車線を走っている時に、前のクルマが突然右ウィンカーを出した時など多くの人は戸惑うことだろう。なぜなら走行車線の右側は中央分離帯で右に行けるはずもないからだ。これはそのクルマのさらに前のクルマにどいて欲しいという意思表示である。

その他、前が渋滞で止まっている時など、後続車に知らせるための非常用点滅。細い道などで先に譲ってくれた時のお礼のクラクション。飛ばしているクルマに、検問を知らせる対向車線のクルマの親切なパッシングと、ちょっと考えてみただけでもさまざまなパターンが定着しているのがわかる。でもこれらクルマのコミュニケーションの新しいルールは、まだ完全に定着しているわけではない。

例えば出会い頭の譲り合いのクラクションなどが、誤解されてぶつかってしまう、いわゆる「譲り合い事故」も後をたたない。広く多くの人に認知されるまでは、時の経過を待たなくてはならないだろう。

クルマの屋根の最後部にしっぽのようなものをつけて、お礼の信号代わりにこのしっぽを振る装置が、あるオモチャメーカーによって開発されたことがある。道路交通法などの法的ルールの問題もあるかもしれないが、道を譲ってくれたドライバーにしっぽを振ってお礼をする、ユーモラスで微笑みたくなるシーンが頭に浮かぶ。

解説　ＡＢＬ（Automobile Body Language）

　コミュニケーションを対パーソナルなものに限定してとらえがちであるが、例えばパソコンと人との会話や人対機械のコミュニケーション、あるいはこの例のようにクルマ対クルマのコミュニケーションも存在する。ほかにも人体の脳に指示を与える神経系統のような生物学的なコミュニケーション、純粋に機械と機械間のコミュニケーションなどさまざまなケースが考えられる。

　クルマ対クルマのコミュニケーション（ＡＢＬ）は、それを操る人対人のそれと等しい。このような乗り物対乗り物のコミュニケーションは、船舶におけるライトや手旗、白煙などの船舶信号に見られるように古くから存在する。ここでは信号を発する送り手が、光なり手旗でメッセージを符号化して通信路に乗せ、それを受け手がデコーディング（解読）するという、典型的な通信工学的なモデルとなり、国際レベルでの意味が取り決められている。自然に発生してきたＡＢＬも、お礼や道を譲るといったホットな感情の伝達として機能するが、発展途上のコミュニケーションゆえに多義的であり、誤解を生む場合も考えられる。

39

渋谷の女の子のアイコンタクト

日本人は目と目を合わすのが苦手である。目線が交差するいわゆるアイコンタクトを経験するのは、恋をしている時くらいか。じっと見つめられたりすると、その視線の強さを感じさせる空気が、この国にはまだまだあるらしい。ふだんはせいぜいやや下目づかいに見たり、なるべく目線を合わせる時間を短くしてあげるのが、思いやりとなっている風潮があるようだ。

若者たちでにぎわう渋谷。流行の最先端を担う彼らとともに、地方から出てきて目一杯オシャレしている女の子たちと、さまざまな人々が行きかう。そんな中で渋谷近辺の多くの女子高生たちも、学校帰りにお洒落な渋谷に遊びやショッピングに繰り出してくる。目抜き通りのセンター街などを通っていると、不思議な現象に出くわすことがある。全く見知らぬ女の子たちが、時々目線を合わしてくる。「あれっ？　知り合いかな」なんて思っても、もちろん知らない。彼女たちの目論見はほかのことにあることに気づいたのは、しばらくしてからだった。その目線はまぎれもなく典型的なアイコンタクトである。ややにこやかに目線を合わせてくるのである。この積極的な表情は、海外に行くとよく見られるいわゆる営業スマイルとそのアイコンタクトそのものである。

アイコンタクト、学問的には視線交差と呼ばれるこの行為は、人と人との社会的相互作用の方法の中で、最も原始的なものといわれる。シャイな日本人に、欧米並みのアクティブなアイコンタクトを広げていくのは、彼女ら渋谷のファッショナブルな女の子たちかもしれない。

解説　視線交差―誘い

目は口ほどにものを言うという諺のように、目は心の窓ともいえるものでアイコンタクトとも呼ばれる。二者間で相互に目が合う時間に応じて、一瞥（いちべつ）、目が合う、凝視の各段階がある。さらに受け手からのアクティブな反応や関与を期待したり、確認作業としての交差、上下関係の人間関係における凝視など、両者の空間行動としてのシチュエーション、親密さの度合い、性差による相違など、さまざまな社会的相互作用の一つの方法と考えられる。これらの自己表出の操作形態を、視線という行動レベルから分析しようとする試みが、視線交差の研究領域である。

一般によく目を合わせる人ほど親和欲求（相手と仲良くなりたいとする欲求）が高いとされ、特に男女間での一瞥や目が合う行為は、見つめられた側がアイコンタクトを送った側から好意をもたれていると判断されやすい（A・メラビアン）。ここでの例も、一種の親和欲求的アイコンタクトで、誘惑あるいは親しみのコミュニケーションと見なされる。近年これらの研究は、お互いに相手の顔や表情を見る「相互視（mutual gaze）研究」と呼ばれるようになった。

40

ぶぶ漬けと京言葉

京都では標準語ではみられない独特な表現に出会う。「はんなり」「いけず」、といった特有の言葉のみらなず、「猫が歩いてはる」という言い回しに出会うと、猫様が歩いていらっしゃる？　という意味だと関東人は思わず考えてしまう（この例は実際には、尊敬語や丁寧語というよりも、異なるニュアンスで使用されているが）。その中でもよく知られているのが、ぶぶ漬けのエピソードである。京都の誰かの家を訪問した時に、家人に「ぶぶ漬けでもどうどす？」と勧められた時の対応についての話である。言葉の額面通りに受け取り、すぐに「はいいただきます」と言うのは厚かましいと判断されるとされ、通常は帰宅を促す一つの表現と見なされている。一度か二度固持した上で、それでも勧められるようだったら、そこで初めていただくのが好ましいとされる。一般には、長居する客に使われる表現とされるが、訪問者に「どうぞ上がっておくれやす、ぶぶ漬けでもどうどす？」と、一応の礼をつくした挨拶としても機能する。このシーンのように、一種のリップサービス的な意味合いにもなる場合がある。

お茶のことを京都では「ぶぶ」あるいは「おぶ」と呼ぶ。ぶぶ漬けとは関東でいうところのお茶漬けであり、昔から京都の一般の家でつくるごく普通の食事である。関東流にいえば、「まーまー上がって、ご飯でもいかがですか？」といったニュアンスか。一二〇〇年もの長い間都として機能し、多くの政権とともに時代を過ごしてきた京都の社会では、対パーソナルなコミュニケーションを円滑に進めるために、伝統的な暗黙の了解に基づいたシステムが根付いているようである。京都でぶぶ漬けを勧められたら、時計を見ながら、おいとまする時間なのか、はたまた本当にいただいてよいのか、よく判断しなくてはならないですね。

解説　京言葉のもつ多義的なコミュニケーション

言語はもともと多義的な意味を含むことがある。ここでのぶぶ漬けのエピソードは、建前と本音の違いを示す典型的な例であろう。都として長い歴史をもつ京都では、その固有の文化的側面が、独特なコミュニケーションにも表れている。ぶぶ漬けの例では、帰って欲しい、あるいは客の判断を量るという本音ながら、あえて食事を勧めるという、相互に逆のベクトルを同時に内包する独特の言い回しとなる。また舞子さんの言葉を例に出すまでもなく、京言葉は大変リズミカルで英語のような韻や音楽的ともいえる響きがある。さらににこやかで優しい表情と相まって、ノンバーバルなコミュニケーションとしては好感度が高いプラスの要因となる。本音はマイナスの要因であっても、角が立ちにくい穏やかなコミュニケーションとなる。いわば二重束縛的コミュニケーションであり、受け手にとってコンフリクト（ぶつかり合い）の起きにくいコミュニケーションとなる。

41

会った時の内容は……

初対面の人との出会いは、楽しみでもあり一瞬緊張するもの。互いに自己紹介、あるいは名刺交換をした後、話に入る。それぞれの会社の話や共通の話題、世間話とさまざまな話をする。そして別れた後、「あれ～？ あの話のポイントはなんだっけ？」なんてことがままないだろうか。言葉でやりとりするコミュニケーションでは、意外と記憶している部分が多くないという経験はありませんか？

印象の強い人、例えば容姿端麗な女性、上品で素敵な男性などと話をして別れてしばらくした後に、話のディティールまで正確に思い出すことができるだろうか？ 思い出すのは、着ていた服、ゆったりとタバコを吸うシーンとか、飲んでいた飲み物、笑った時の表情など、言語以外の表象が出てくるばかりで、肝心の言葉が思い出されないことがあるだろう。

対面時の会話の情報伝達では、非言語手がかりが五五％、声の調子は三八％、言語的メッセージは七％にすぎないことが報告されている（メラビアン、一九八一）。もちろんさまざまなシチュエーションも想定されるが、一般の会話の情報伝達では平均的な比率である。このように、実際の対面のコミュニケーションでは、バーバルなコミュニケーションの比率は、思っている以上に小さいことがわかる。つまり実際の会話では、声、表情、手のしぐさ、目線といった相手からの情報に加えて、周りの環境、すなわち騒音、隣席との距離、明るさ、ＢＧＭなど、さまざまな要因が統合された一つのシチュエーションの中でやりとりしていることになる。みなさんも大切な話をする時は、話す内容ばかりではなく、ゆったりと落ち着いて話をできる場所か否か、静かなお店か否かといったことも考慮されたらいかがですか？

解説　ノンバーバルな手がかりの影響

一般に会話コミュニケーションでは、言語自体の情報伝達度は意外と小さい。それは認知される対象が、必ずしも言語に限定されずに、話し相手の環境も含めた多くのものとなるからである。ノンバーバルな手がかりが、実際の会話ではメッセージの意味に与える影響は大きいものと考えられる。初対面時の会話でも、会話そのものよりも、その人に抱く第一印象の影響が大きい。またその第一印象も、初めて会った時の容貌や非言語的な手がかりなどの限定された情報で、その人のパーソナリティ認知を行う傾向がある。印象形成におけるバーバルなコミュニケーションの影響はさほど大きくはない。したがって、逆にノンバーバルな手がかりがほとんどないＣＭＣにおいては、相対的に言葉の位置づけが大きくなるのは当然であろうか。

42

エスカレーターの並び方の不思議

エスカレーターは本来立ち止まったまま上まで運んでくれるもの。この便利な乗り物が導入された当時は、当然ながら誰しもそう思っていたことだろう。今はどこのエスカレーターも見事に片側整列で、急いでいる人たちが空いた片側を足早に駆け上がっていく姿が日常的である。いつの頃からか自然と発生したこの独特の整列の仕方は、人々の間に広がる新たな習慣あるいは新たな人と人とのコミュニケーションのルールづくりとも読みとれる。興味深いのは、西と東とでは並ぶ位置が異なる点である。東京では左側に並んで右を空け、大阪では全く逆となる。関東から関西へやって来た人が真っ先に戸惑うのが、いつもと逆のこの見慣れない光景であろう。

人は本来パーソナル・スペースというものをもっており、例えば混雑した車内では至近距離に他人が接近してくると不快を感じる。特に顔が見えやすい位置に第三者が並ぶとそのストレスは増す。それゆえ片側並びは、一見合理的な調和のように見える。つまり止まったままキープされているスペースと、足早に動くことによりできる移動スペースとの両者の欲求が満たされている。ただこの調和も新しく登場してきたルールゆえにマイナス点もみられる。混んでいる時などかえって滞ることもあるし、足早に上がる人と止まっている人とがぶつかる危険性も発生する。今後この新しく生まれた規範あるいはルールが、安全性というバリアをクリアしながら、広く定着していくかどうか判断の分かれるところである。

解説　人の流れと慣習

日本人は集団意識が高く、列を作り並ぶのをいとわないという国民性はよく知られている。エスカレーターでの片側空けも、集団内での移動に伴う効率性や時間性を考えた規範として広まってきた。そのルーツとしては、古くは大阪万博の時、関西では右並びが交通機関によってアナウンスされたことや、東京での左並びはクルマの追い越し車線と走行車線に倣ったものなどさまざまなものがある。しかしここではこのような自然発生的と思われる新たなルールが、東西で異なることの不思議さが注目される。それぞれでの発生起源はともかく、日本中を席巻するほどの社会的規範とまでは成熟していないということになろうか。現に東京から多くの客が降りる新幹線の京都駅では、エスカレーター上は右も左もばらばらで混在しているのがおもしろい。この社会的規範が慣習として定着するまでには、持続性、合理的斉一性、エチケットやマナー意識の広がり、特例の容認、そしてそれらの整合性などが広く支持され、そして何よりも安全対策が配慮されてはじめて可能となろう。

現在でも、エスカレーターの片側空けが引き起こす問題や安全性に対して、鉄道会社からの安全対策キャンペーンなどが時折行われるが（219頁参照）、一度人々に受け入れられたこの慣習は、なかなかもとに戻れないもどかしさがあるようだ。

43

拡張する個の空間

鮮やかに変身するその姿。華麗に生まれ変わるチョウの話ではない。若い女性の話である。いつも乗り慣れた電車、そのいつもと変わらぬ光景の中で、二〇〇〇年前後から徐々に増えてきたのが電車の中での化粧である。周りの視線など、どこ吹く風といった感じの態度には思わずびっくり。マスカラ、口紅は言うに及ばず、眉の手入れまで、手際よく見事に仕上げる彼女たち。混んだ電車の中でせっせとメイクをしていたある女子学生、そこに年配のご婦人が来たのであわてて席を譲ろうとしたら、「あら、終わってからでいいわよ」と言われるという光景すらあった。しかしながらこの電車内での化粧行為は、二〇一〇年以降はあまり見かけなくなってきているようだ。

電車という公共の空間の中で拡大しつつある私的な空間。そこには美を追求する個の願望と、他への羞恥心との微妙なバランスが存在する。そしてこれほどまでに広がってきた背景には、化粧用品の技術革新があることも見逃せない。ファイバー入りのまつげが長くなるもの、片手できれいにメイクできるものなど、手軽で高性能な製品の貢献するところも大きい。そのせいか女の子たちは確かにメイクが上手になったけれど、みなさん同じように見えるのは私だけだろうか?

解説　露出過剰信号としての化粧

公共の場、それも電車内で化粧をする行為がはやりだしたのは、二〇〇〇年前後のことである。元来私的空間で行う女性の化粧。文化人類学者ベネディクトの「恥の文化」論でいうなら、恥ずかしくないモラル感への転換、逆にいうなら周囲も許容していることになろうか。日本人の公共心の変化ともいえよう。

コミュニケーション論としてみた場合には、この行為は動物行動学者モリスの過剰露出信号の一つと見なされる。私たちの行為には、公的なものと私的なものとに大まかに二分されるが、その間にも社会的露出のさまざまな段階がある。そして公衆の面前でのこの行為には、無知、故意、偶然の三タイプが存在する。電車内の化粧行為は、故意に基づくものであり発信者からのアピールともとらえることができる。また若い女性に特有な現象であることから、一種の性別信号のコミュニケーションとも見なすことができる。いずれにしても、精神科医の土居健郎が言う日本人特有の「甘えの構造」に基づく、個の空間の拡張であることは間違いない（土居、二〇〇七）。

最近このような行為が減少してきた背景には、電車内での目に見えない周りからの規制力がある。これはまだ珍しい頃の携帯電話を使って車内で話す人がいたのに、徐々に集団からの規制とモラルで減少してきた経緯と共通している。日本人の公共心と、公共の場での個の空間の広がりとのせめぎ合いでありバランスの結果でもあろう。

44 サイド・バイ・サイド

京都の夏の風物詩、鴨川の納涼床（ゆか）。あたりも暗くなってきた夕刻、四条大橋から鴨川沿いにそれらを眺めると、おもしろい光景が目に飛び込む。暑さをしのぎに川岸を散歩する人たち、床で楽しく会食しているグループ、そして鴨川沿いに並ぶ不思議な集団。何だと思います？　ここを夕暮れに通ったことがある人なら誰でも知っていることですが、実はカップルがずらりと並んでいるのです。

よく見ると、その光景たるや、はるか三条の方まで延々と続いており、しかも見事に等間隔に並んでいるのにはびっくり。隣のカップルとの間隔は、ちょうど互いが手を伸ばしても届かないくらいの距離となっている。あたかも距離を測ったかのように正確な間隔が保たれており、まさにサイド・バイ・サイドなのである。

このような現象は、一般的に空間距離あるいは対人距離とも呼ばれるもので、近接学（Proxemics）の分野での研究対象となっている。カップル同士がちょうど両手を伸ばして届くか届かない距離間隔を保っているのは、それ以上に侵入してはいけないテリトリーを示しているわけである。話が聞こえにくい距離であり、隣のカップルと決して接触しない距離ともなっている。まさに適正な距離を自然と作り上げている典型的な現象である。

かの哲学者ショーペンハウエルは、「山あらしのジレンマ」の比喩で、互いの温もりを保ちながら、かつその鋭い針で互いを刺すことがない距離を理想的な適正距離と呼んだ。日常のあらゆる場面で、この適正距離が保たれていることに気づかれることでしょう。鴨川のほとりでの夕涼み、読者のみなさんもいかがですか。

解説　パーソナル・スペース（身体接触距離の場合）

動物にみる縄張り意識はよく知られた行動である。人にも、自らの私的空間と社会的空間とを区別する目に見えないボーダーが存在する。文化人類学者のE・T・ホールはこのような空間を、パーソナルスペースと呼び、大きく次の四つの距離を区別した。密接距離、個体距離、社会距離、公衆距離である。そしてさらにそれぞれの距離の中に近接相と遠接相の二つの区分を設定した。

鴨川のカップルの例は、同時に二つの対人距離を表しているところが興味深い。

一つは、カップルである男女の距離である。これは接触または三〇センチくらいの接近した距離で、密接距離と呼ばれる。その中で、接触は特に親密度が高い近接相、三〇センチは一般的な遠方相である。

また隣のカップルとの距離は、一・二〜二メートルであり、これは社会距離と呼ばれる。その範囲は、両者が手を伸ばせば届く近接相から、他者に迷惑がかからず仕事をする時の遠方相にまでわたっている。

45

最速さと窮屈さ

JR東海の最速の新幹線「のぞみ」は品川と京都間を二時間余で結ぶ。今では東京―関西の出張も日帰りが中心となっている。ビジネスマンにとってはありがたいことである。ところが乗るたびに憂鬱（ゆううつ）なことがあるという。それは隣の座席の肘かけである。二席あるいは三席の隣の席との境目にある幅五～六センチくらいの肘かけである。カップルが座る時は、この肘かけは持ち上げて収納することができる。広くなるしくっつくこともできるわけである。ところが見も知らない他人と座る時は、この幅六センチ弱の肘かけが逆に問題となる。なぜかというと、隣同士の二人が同時に肘をかけるには狭すぎて無理。どうしてもどちらか一人がかけることになる。先にかけていた方が既得権を主張できるわけだか、よく観察してみると圧倒的に両者がその地帯に入ることなく、それぞれの肘かけの内側に窮屈に肘を入れて、じっと我慢の子といった感じである。肘かけの部分が、それぞれのパーソナルスペースの緩衝地帯となるわけである。

なぜもっと広くできないのだろうと、素朴に思う人は多いはず。それは限られたスペース内でのできる限り多くの人の運搬、といった効率性や経済性が優先しているからであろう。ここでは個の快適な移動空間は後回しである。まるで小さめの靴に足を合わせているかの気分に似ている。足に合った余裕のある靴を履きたいのは誰しも同じ。全車グリーン車並みの余裕空間で快適な最速列車が登場してくるのは、いつの日だろうか？

解説　対人距離にみる親密度

見知らぬ人がベンチに座っている自分のすぐ横に来たら、あなたはどういう気分になりますか？　不快感や驚きを感じる人が多いはず。他者との物理的距離を、身体距離あるいはパーソナル・スペースと呼ぶ。

44で述べたように、文化人類学者のE・T・ホールは、人と人との距離を四つに分けて、それぞれの距離において適切な関係が存在すると唱えた。ここでの例の他者との接触距離は密接距離と呼ばれ、さらにその中で近接相と遠方相に分かれる。前者は接触から一五センチの範囲内で、親密な者同士の距離で言語によるコミュニケーションは小さいとされる。また後者は手でつながる距離である一五～四五センチであり、親しい者同士が利用する距離となる。したがって電車などの混んだ空間では、敬遠される距離であり、親しい者とそうでない者とを区別する距離ともいえる。

46

話をする時の位置は？

誰かと話をしている時に、話につまってもじもじしたり、気まずく感じたことはないだろうか？　これには、相手との相性とか面識の程度、その時の自分の気分のような精神的な面以外の、ごく物理的な要因に大きく左右されていることがあるのにお気付きだろうか。

例えばここに、三つのテーブルとそれぞれに二個のイス。テーブルは、丸形、二等辺三角形、長方形の三種類がある。イスの位置は、丸形のテーブルには対面、三角形には直角の位置、長方形は片側に並んで、それぞれある。誰かと一緒に喫茶店に入った時、この三タイプのテーブルがあったとする。さてあなたは、どこに座るか？　もちろん親しさの度合いにもよるので、ここでは会って二回目くらいの知り合ったばかりの人ということにする。

座るならやっぱり対面に決まっているという人、あるいは何となく直角の位置関係が楽かなと考える人、並んだ方がいいかなと思う人と、回答はさまざまに考えられる。最も多い回答は、対面形式というもの。これは現実には、このような位置関係に設定されている場合が圧倒的に多いという事情があるからだろう。

もちろん個人差があるので正しい座り方というものは特にないが、直角関係が理想的と考えられる。最も一般的な対面式の場合、相手の顔と視線が相対する位置にあり、話がつまったりした時に沈黙や気まずさが発生しやすい。横に並んで話すのは、夜のバーのカウンターなどに象徴されるように親しい関係の場合で、肩と肩とがふれあう位置関係となる。直角関係では、直接相手に対面することがなく、また肩と肩との身体距離も近くなり、親しみを感じやすい。これらは個人空間や近接学の領域で盛んに研究されているテーマの一つです。営業でどうも話が苦手な方、ちょっとお客さんとの座る位置関係を変えてみては？

解説　ポジションによるコミュニケーションの相違

部屋あるいは机のどの位置に座るかによって、行動やコミュニケーションがどう変化するかという研究は、プロクセミックス（近接学）や空間行動などから説明される。文化人類学者のE・T・ホールらは、このような座席位置などの個人空間の生態学的研究を行った。座るポジションによって、リーダーシップや支配性、上下関係、親密度などの社会的相互作用が生じる。

対面の位置関係では、対立の図式となり、コミュニケーションも的確に行われやすい反面、話題が途絶えた時に沈黙も発生しやすい。真横に並ぶ座り方は、肩と肩とがふれあうほどの身体的距離となり、親密性が高まる位置関係となる。九〇度の直角の位置では、直接的緊張を和らげ、ディスコミュニケーションも強調されない対面型と真横型の折衷タイプとなり、最も自然なコミュニケーションが生じやすい位置関係といえようか。

47

にぎわうカフェの心地よさ

はやりのカフェ。オープンテラスには、冬の柔らかい陽射しがよく似合う。心地よいジャズボーカルやポップスが漂う中、若くオシャレな女の子たちやビジネスマンに混じって年配の客などさまざまな世代がゆったりくつろぐ。ところが中に入ってよく見てみると、にぎやかだと思えた店内も実は意外と空きスペースが多いことがわかる。でも入った瞬間にはどうして混んでいるように思えたのだろうと考えてみると、そこによく考えられた仕掛けがあることに気づく。全般にそれぞれのイスとテーブルが不規則に見えながらもさまざまな形で配置され、ほかの人と直接隣り合わせになるシーンができないようにうまく設定されているのである。例えば何人も座れる大きな円卓ではそれぞれ一つまたは二つの席を空けて座り、また窓越しのカウンターでも同様の自由な座り方が見られる。また通常の一列に並んだワンテーブル・ツーチェアーのところでは、それぞれ一人の客が見事に交互に座って、同一の席列にずらりとは座っていないのである。

このようにイスとテーブルのちょっとしたレイアウトにユーザーの選択肢を広げた配慮が、心地よい空間を生み出し、はやる要因となっているのかもしれない。配置は不規則ながらもお客の密度は一定の広さで分散しており、偏りがないのが特徴である。ワンパターン化した並び方では、ユーザーの選択肢は少ない。はやりのカフェのこのような共通した自由な空間は、変化と活気を感じさせユーザーを魅了する。でも洒落こんで外のオープンテラスでお茶したものの、真冬の日が陰ってからは相当きついものがありましたよ。

解説　環境心理学からみた店づくり

京都には古くからある町家を改造した洒落たカフェが立ち並ぶ。人気のカフェには、共通のフレームワークがあることに気づく。それは客としてきた人の知覚に、心地よさを感じさせる演出であり雰囲気があること。客を取り巻くものには、音楽、照明と明るさ、机とイスの配置、室内の温度と湿度、壁や窓の配置、素材の質感、空間のデザインや広さ、店に入る導線、スタッフの態度と、ざっと考えただけでもいくつかの要素がある。これらのファクターが醸し出す一つの意味ある全体（holistic entity）が、快・不快の感覚あるいは心地よいか否かの気分を生み出す。このような物理的環境と人間の行動・心理との相互作用を扱うのが環境心理学と呼ばれるものであり、マクロ的には都市空間と人との関係から、ミクロ的にはここでの店舗づくりと客との関係など、広範囲にわたる分野をカバーしている。

人気の店には、対人距離を保ち（なわばり性）ながら、適切な人との温もり（クラウディング：crowding）を感じさせる、一見相矛盾した空間行動が可能な雰囲気が工夫されており、ほどよい活気が自然と生まれているようだ。

48 ほどよい座席空間

ＪＲ東海の新幹線の予約は、今ではスマホやパソコンで簡単にできる。専用のカードを作っておけば、予約したチケットを駅の券売機で入手できる。関西と首都圏を行き来するあわただしいビジネスマンにとって、いつでもどこでも予約ができるこのシステムは実に便利なものである。でもこのシステムの本当に優れている点は、末端に至るところまできめ細やかに配慮されている座席予約システムのポリシーにあるのではと、思う。

このようなシステムができる前は、切付の予約をすると、列車の片側だけとか、前側だけに詰め込まれたこともあり、「なんで後側は空いているのに、こちらにだけしか座れないんだろう」などとつぶやいたものである。ところがスマホやパソコンで予約できる最新のシステムになってから、ある変化に気づいた。それは、昼間の比較的乗車率が低い時など、なるべく隣り合わせにならないような配置順になっているのである。また女性の場合は同性で座れるようにも考慮されているようだ。おかげで昼間行き来する時など、いつもなら肘もくっつくような隣席に乗客がいないので、まるでグリーン車に乗った時のようなほどよく広い快適空間を保てるようになった。これらは、知らない人同士の対人距離やパーソナル・スペースを考慮した座席配置に配慮したシステムづくりの効果であろう。

同じような経験は、みなさんも居酒屋やレストランでの着席案内で体験したことがあるだろう。空いているのに片側から詰めていくお店や、客の希望にも有無をいわせず窮屈な席に座らされたことなど思い出すのでは。お金を払っているお客さんに、スピードや料理といったメインのサービスだけでなく、さらにそこから一歩踏み込んだ小さな二次的なサービスの質も問われる時代になってきたのかもしれない。

解説　適正空間のシステム化

もっとも今では、予約の際に空いている席の中から好きなところを選ぶこともできるようになった。ここでのエピソードは、従来メインであった希望する日時の予約のみを任せた場合や、席まで特定しない一般のケースである。

乗り物の座席は、そのポジションによって快適さが異なってくる。映画やライブなどの劇場の場合、座席位置によって料金設定が異なってくることから、その位置関係が重要なことがわかる。これは空間における配置とアメニティの問題である。

このように位置関係が対人相互作用のあり方に影響を与えたり、またそこに居合わせた集団行動や心理にも関係してくることを考察するのが集団生態学であるが、近年の座席予約システムには、これらの視点が考慮されるようになっている。かつての機械的に空いているところから順次利用客を詰めていくシステムからは、想像もできない大きな飛躍である。空間位置としては変則的フレームとなりながらも、利用客のアメニティを中心に考えたこのシステムは、利用客に大変好評である。公共交通機関におけるプロクセミックスの適正空間、あるいはパーソナル・スペースの考え方が応用された好例である。

49 にぎわう錦市場の魅力

京都の台所といえば、錦市場がすぐ頭に浮かぶ。狭い錦小路通りに五メートルほどの間口でたくさんの店舗が軒を連ね、通りに面した店先にはところ狭しと、野菜、魚、肉、漬け物などさまざまな食材があふれている。ここの商店街の特徴は、いつ行っても混んでいて活気があるということ。なかなか前に進めない場合も多々ある。

ところが、あれほど混んでいると思っていた通りも、よく注意して観察すると実はさほどではなく、ごく普通の人通りであることに気づく。このからくりは、どうやら通りの幅の狭さにあるようだ。ちょうど大人の男性四人が横に並べるほどの幅しかない。両脇は、店の陳列棚を注視しながらゆっくり歩く客の流れになる。通りを普通の速さで歩く人は、実質真ん中のわずか二人分のところを通ることになる。ゆえに少しでも人が多くなると、混雑することになるわけだ。人の流れは、店頭に釘付けになっている両脇の比較的緩い流れのグループと、真ん中の先を急ぐグループとの二つに分かれる。この異なる流れが、錦小路通りの喧噪をかもし出す大きな仕掛けなのだ。

それでいて天井のアーケードは高く、ゆうに六メートル以上はありそう。通りの幅が狭い上にもしアーケードが低いと、穴蔵的感覚で圧迫感が強まることになる。上方に開けることによって、騒がしさを解放しているようである。人混みの雑踏や、客同士のおしゃべり、客と店のスタッフとの掛け合い、これらすべてが心地よいBGMとなって、この市場のにぎやかさをさらに高めることになる。最近では、ところ狭しと並んでいる商品を直接取って、その場で食べることもできるそうだ。焼きたてのイカ串を頬張るのも、こういう活気ある市場ならではの楽しみである。みなさんも一度このにぎわいを体験してみてはいかがですか。

解説　クラウディングと活気

クラウディングは、物理的な意味での人口数や人口密度を指す場合と、それらの知覚によって生じる心理状態を指す場合とがある。社会学や社会心理学では、通常は後者を指し、負の情動状態を指す場合が多い。

だがここでの例は、商業活動におけるクラウディングが消費者である人々を惹きつける活気を生み出している点に注目している。人は、人だかりや行列のできる店などに自然と興味をもち惹かれるものである。人が集中するところに、人気や魅力を感じるようだ。これはネット上の特定のブログやキーワードのヒット数が高くなることが、より人々を惹きつける効果とよく共通している。もちろん混み具合の程度にもよるが、ほどよいクラウディングは、人気のバロメーターとなっているともいえる。クラウディングのプラス効果については、情報の流れの速いインターネットの普及と相まって、今後研究が急がれる領域である。

50

斬新なワークプレイスづくり

オフィスといえば、島型対向にずらりと並んだ固定席のイメージが浮かぶ。どこのオフィスでも採用している伝統的なスタイルである。イスに座るとそこは自分の空間、あるいはせいぜい両隣と一緒の限られたスペースに落ち着くことになる。この傾向は会社が大きくなればなるほど、仕事も分割化されて、社員一人ひとりのスペースも分離されがちになる。大量生産の時代にはこのような歯車型構成でも問題はなかったのだが、近年の多様なニーズに応えたサービスや商品づくりには、柔軟な見方をはぐくむ職場づくりが必要になってきている。特に情報通信業界や多角化している製造業分野など、さまざまな業界でオフィスのワークプレイスの再検討が行われている。

これらの企業のワークプレイスに共通しているのは、島型対向の配置を廃止して、全く新たなオフィスづくりをしていることである。社員個人や部署で仕切られていた壁や仕切りを廃して、社員みんなが同一の平面で仕事ができるように作り直す。机も長方形ではなくユニークな楕円形などにする。これは目線が交差しないように配慮したものである。仕切りを廃したことは、会社内の地位によるパーソナル・スペースを取り除いたことを意味する。また観葉植物を多く配置したコーナーの中では、あたかも緑に包まれた森の中で仕事をするような感覚となり、新鮮なアイデアが生まれやすい。さらに自由な発想のワークプレイスづくりによってあちこちに配置された机は、まるで長屋横町を歩くようにジグザグに進むことになり、会話やコミュニケーションも発生しやすい。社員を取り巻くさまざまな社会的仕切りを取り除き、環境も自由なレイアウトにすることによって、思わぬアイデアや自由な発想や親密なコミュニケーションも生まれやすい。量的生産性から質的生産性に移行している現代では、このような思い切った社内のワークプレイスの見直しも必要になってこよう。

解説　フォーマル・グループのインフォーマル化

オフィスの社員を取り囲む作業環境には、物理的・化学的環境と社会的・心理的環境とがある。しかしこの二分類法にも、物理的環境が社員にもたらす影響や効果という視点が不足している。職場の人間関係や雰囲気には、多かれ少なかれ環境因子もはたらいていることは見逃せない。ホーソン実験（219頁参照）によると、生産性や作業能率にはこのような人間関係や作業者の労働意欲などが関連していることが報告されている。自然なコミュニケーションが生まれやすい環境づくりは、結果的に社員一人ひとりの創造性や生産性の向上につながる。

特に会社のメンバーというフォーマル・グループではなく、自然発生的に生まれたインフォーマル・グループ、日常的なつきあいの中から生まれた感情的に結びついているグループが、ファーマル・グループとリンクすることによって、より生産性の高い有力なパワーになるものと期待されている。自由で自然にコミュニケーションが発生するようなワークプレイスづくりは、これからの企業には、必要とされる重要な要因となろう。

51 憩いの場は一か所に

大きな会社となると、各フロアーの各部署ごとに小さな喫茶コーナーを設けている。それは、仕事の合間に手近なところで、ちょっと一服を求める憩いの場でもある。しかし、各フロアーごとに分かれているこのシステムでのコミュニケーションは、どうしてもタコ壺的なコミュニケーションに陥りやすい。ほかのフロアーや遠いほかの部署の人と話す機会が減るのは当然である。これを一か所にまとめると、当然ながら異なる部署の人たちとのコミュニケーションも増加し、新たな人間関係も生じると期待されるだろう。

クリアリングハウスという言葉がある。もともとは手形交換所という意味であるが、本来は人と人が集まり、そこで自然に経済行為が発生してきた場所を指す。その結果、経済的行為のみならず、さまざまな情報交換の場として発展してきたのである。会社の喫茶コーナーを一か所にまとめるというコンセプトは、必然的に異なる階や同じフロアーでも遠くからの移動を伴うことを指している。つまり、その場所に行くという意思のもとに集まる積極的な行為となるわけである。そこではただ漠然と集まる集団に対して、よりアクティブな関わり意識の高い人の集まりとなることが期待される。

さらに重要なことは、ただ物理的な位置関係だけではなく、そこには魅力ある何か（something exciting）があればベターである。例えばただの自動販売機ではなく、エスプレッソ専用などのひと味違うおいしいコーヒーの飲めるコーヒーメーカーがあるとか、魅力的な人がよく来るとか、といったワンポイントが大切である。

解説　クリアリングハウス効果（clearing house effect）

通勤で行き来する電車内やよく通る商店街の店のスタッフなど、話したことはないが顔は知っているファミリア・ストレンジャー（familiar stranger）は誰しもいることだろう。特に会社内では、すれ違う多くの人がファミリア・ストレンジャーとなる。会社人はフォーマル・グループであるが、その中にインフォーマル・グループがたくさん存在する。

何かの共通した目的（お茶を飲むとかひと休みするなど）で集まってくる人たちの場が提供されれば、人は自然に集まる機会が増える。ファミリア・ストレンジャーも、ちょっと挨拶するとか一言二言話せば、その心理的距離は縮まり、インフォーマル・グループのメンバーになることができる。縦社会の会社組織のフォーマル・グループに対して、このようなインフォーマル・グループは、社内の地位にかかわらず横の関係を築きやすい。インフォーマルにつどえるクリアリングハウス的な休憩所は、ファミリア・ストレンジャー同士の良好な近隣関係を築くのに有効なスポットであろう。

52 子どもは熱中症になりやすい？

最近の夏は異常気象の影響を受けて，酷暑とでも呼ぶべき猛烈に暑い夏にみまわれる。そういう中，外を母親と歩く小さな子どもは，特に熱中症になりやすいという。それは大人よりも身長がまだ低い子どもは，上からの直射日光に加えて，下のアスファルト道路から反射する高温の輻射熱の両方にさらされるからである。でも大人の視点からは，自分と異なる子どもの状況は一見わかりにくい。

このように置かれている立場が異なることにより，それぞれに異なる見え方やその結果異なる認知が行われているとみるのが，「アフォーダンス」的な見方である。人が周りの世界を認知する際に，同じ環境においても立ち位置の違いによって，見え方が異なってくる。その結果，その位置での認知にも大きな違いが生まれてくるのである。**55** の例にあるように，二階建て電車の二階側に乗る人と，一般の車両よりも低めの一階側に乗る人とでは，車窓の景色はまるで異なる。その結果，流れる景色を楽しむのか，あるいは半地下の一階で静かに読書を楽しむのか，その環境の認知の違いによる気持ちの変化も大きく異なってくる。異なる環境や世界が，それを認知する人間に異なる認知を提供（afford）していると考えられ，このような見方を，アフォーダンス（affordance）と呼び，心理学のみならず，デザインの世界，ゲームの分野，建築の分野など，広範な範囲に応用されている。

解説　アフォーダンスとは何か？

これまでの認識論では，環境からの物理的な刺激を受けて，さまざまな意味あるイメージや認知が形成されると考えられてきた。あくまでも人が主体の見方である。しかしアフォーダンス論では，環境はそれぞれ特定の性格を与えられた場所として存在しているのであり、環境が人や動物の行為を直接引き出そうと提供している機能を指すと考えられる。環境やモノが主体となる見方である。つまり、例えば果物がもっている「食べられる」という属性は、それを食べる側に無関係に存在しているということになる。

アフォーダンスという言葉は、認知心理学者のジェームズ・J・ギブソンにより提唱された概念である。ギブソンによると、例えばモノに引き手がついているとすると、それはそのモノが人に〝引く〟という行為をアフォード（afford：提供する、〈自然の結果として、モノやコトが〉～することを提示する、与える）するという。人が身体を動かせば、それによって見えてくる世界は変わってくる。そして動くことによって、人が初めて利用できる環境変数（不定項）があるのである。この不定項を直接認知することが私たちの周りの世界の認知の基本となるという考え方である。例えば、水平で広く平坦で硬いモノがあれば、私たちはそれは身体を支えるという行為をアフォードしていると考える。それは、部屋の床であり、また道路の場合もある。このアフォーダンスが活躍するのが、建築や服飾などのデザイン設計、商品企画などの分野である。人の適切な行為を、特に考えることもなく自然に誘うようなプロダクトや人工物などを作る時に、そのコンセプトをどのようにするかについて、このアフォーダンスは重要な視点を提供してくれる。モノに関していえば、アフォーダンスが良いとは、自然と使用者に望む行為を発生させるようなデザインであり仕組みとなる。またこのアフォーダンスの物理的な意味での見方や認知の相違をさらに発展させて、世代や異文化の相違による精神的なイメージや認知の違いなどにも、広く応用・活用されている。

53 簾(すだれ)と見合い

君待つとわが恋ひをればわが屋戸の簾動かし秋の風吹く　額田王

万葉集にも歌われている簾は、夏の京都の街中を歩くと軒先によく見かける。見た目も風流で涼しげなその様は、光や風をほどよく通す機能を私たちがよく知っているからだろうか。簾にはさらにもう一つ重要な役割があり、外から内部が見えないという効能をもつ。現代ではこの機能は、レースのカーテンやブラインドなどによって取って代わられている。開放感ある外部の光や風を取り入れたいという環境的な要因と、内部の生活は見られたくないというプライバシー的な要因は、よく考えるとぶつかり合う矛盾するものである。特に今日のような都市部に密集した住宅事情では、ほとんどの家やマンションが、窓を開けると向かい側の家の窓と向かい合うことになる。

いわゆる「見合い」である。レースのカーテンを開いて窓を全開しようとしたら、お隣さんの洗濯干しのシーンとバッティングした経験はないだろうか。また夕方近くに室内の明かりをつけると、外から丸見えというのも具合が悪い。基本的にはレースのカーテンやブラインドは、暗い方から明るい方が見える構図になっている。街中をよくよく見ると、ほとんどの家が昼間でもレースのカーテンを引いているのがわかる。外は見たいが中は見られたくない。外の風も入れたい。万葉の時代から歌にまで詠まれていたくらいに、人々のこの相矛盾する欲求は変わらない。これらを同時に満たす魔法のカーテンはできないものだろうか？

解説　環境心理学とプライバシー

外界は見たいが、内側は見られたくない。特殊なカーテンでないかぎり、一般家庭でこの望みをかなえるのは難しい。ここで考えたいのは、本来物理的な要因から生じる問題が、内側での生活、あるいは内側にいる自分は見られたくないという心理的な要因の問題と重なっていることである。このような環境と行動との相互関係は環境心理学の領域である。環境のそれぞれの因子が人々にどのような影響を与え、関係をもつのかといった研究は、一九六〇年代以降盛んになってきた領域である。

住居空間との関係で見た場合には、快・不快といった心理状態から、ここでの例のように個人のプライバシーとの関わり合いなどが注目される。プライバシーの問題、特にプライバシーの権利については、本来は法律的概念のもので、弁護士のS・ウォーレンとW・ブランダイスによって打ち立てられた概念である。これは多くの場合に心理的要因とも重複する問題であり、初期の概念から今では「自己に関する情報をコントロールする権利」へと変化してきている。「私」としての住居と、「公」としての外界との境界に関する研究は、法律学、建築学、心理学、コミュニケーション論といったさまざまな複合領域からのアプローチが必要である。

54 助手席の視野と論理

秋晴れの一日、彼女を乗せてドライブ。好きな音楽をかけながら、さっそうと愛車を走らせるドライバー。と、その時に急加速や急ブレーキ。せっかくさっきまで楽しく談笑していた彼女は、いったい何が起きたかわからず、思わずシートベルトから身を乗り出す始末。実はドライバーの彼は、後ろから迫り来る大型車に思わずびっくりしてしまったのである。

もちろんこのような急な変化は、助手席にいる彼女には皆目見当もつかない。当たり前である。ドライバーは、運転中時々バックミラーを見ながら走行している。このバックミラーは助手席からほとんど後ろを見ることはできない。また助手席のサイドミラーでも真後ろは死角になり、やはりよく見えない。つまり助手席の人には、運転席の人の刻一刻と迫り来る変化がまるでわかってないのである。同じ狭い空間を共有しているのに、実は入ってくる情報はまるで違っている。

このように同じ空間にいながら、高さや位置関係、また男女差、年齢差などによって入ってくる情報はまるで異なり、その結果異なる視点をもつことはアフォーダンス的である。これは、近年、デザインや建築などの領域で使われるようになった見方である。例えば子どもと大人の視点、あるいは腰の曲がったお年寄りやペットの視点などは、それぞれ動くスピードも高さも異なる。それに応じて病院やマンション、動物病院などのドアや敷居などの設計も考慮される。

みなさんもたまには、子どもやペットの高さになって、家の中を動いてみるのはいかがですか。今までは考えもつかなかった世界が見えてきますよ。

解説　アフォーダンスにみる視点

私たちを取り巻く環境は、私たちにさまざまな働きかけを与えて（afford）いる。

人はそのポジションを変えることによって見える世界も異なってくる。そしてその結果、利用できる環境からの変数も異なってくる。認知心理学者のジェームス・J・ギブソンは、これらをアフォーダンスと呼んだ。環境、モノ、素材などが人間に作用し規定していると考える立場である。

クルマのバックミラーは、本来ドライバーの後方視界を確保するためのものである。そのために正面から見ると運転席側に斜めに向いている。つまり、ドライバーにとってはアフォーダンスがいいということになる。逆にいえば、同じバックミラーなのに、助手席の人には意味をなさないアフォーダンスとなる。

同じ狭い空間ながら、ほんのわずかにポジションが異なるだけで、アフォーダンスの善し悪しが明瞭なケースである。当然ながらミラーに映し出される世界が与えられるか否かの相違が生じ、その反応も大きく異なってくる。

55

見える世界のギャップ

首都圏の中距離通勤電車では、二階建てのグリーン車が人気となっている。通常よりも高めにある二階席での車窓の景色はすばらしいものである。ホームに入っても電車待ちの利用客の頭よりも高いポジションで、乗客のプライベート性も保て快適な空間を過ごせる。ところがこの二階建ての一階にあたるところは、通常車両の一階よりもさらに低く地下室感覚のポジションとなる。かなり低いその目線の高さは、ホームに入るとさらに驚くことになる。なんとその目線の高さは、ホームで電車を待つ利用客の足元と同じ高さになる。たまたま女性の足元などに止まってしまうと、思わず気まずい。そういえばこの一階部分の乗客の多くは、カーテンを引いている。

眺望のいい二階席のために、必然的に生まれた半地下式の一階席。人気で満員の二階席に比べて、一階席は昼間などはガラガラである。これは一部の効率性や快適性を重視し、全体のアフォーダンスを配慮しなかったゆえであるかもしれない。認知科学の領域から生まれたアフォーダンスの考え方は、デザインやモノの特徴が人を規定するという考え方で、この場合は人の座る位置によって異なる視野が決定されることを指す。

近年、大は建物や乗り物から小はパソコン、腕時計などのさまざまなモノのデザインや設計に活用されている考え方である。このように身近な乗り物とアフォーダンスとの関係を見直してみると、いろいろとおもしろい発見ができる。二階建て電車はその典型ともいえる。とはいうものの、地面やレールすれすれに走る車窓は、日常では体験できない不思議な光景である。

解説　アフォーダンスとデザインの世界

本来認知心理学の領域から生まれたアフォーダンスの考え方は、その後さまざまな領域に応用された。知覚心理学者のジェームズ・J・ギブソンの概念を継承し発展させた認知科学者のドナルド・A・ノーマンらの材料や道具の心理学は、デザインの分野にも大きな影響を与えている。ノーマンによると、アフォーダンスとは、事物の知覚された特徴あるいは現実の特徴、ものをどのように使うことができるかを決定する特徴であるという。

そもそも高速に移動する乗り物である電車は、自らのポジションを移動し外界からアフォードされるものを変化しながらとらえるモノと考えることもできる。二階建て電車の場合、二階の部分と半地下の一階の部分では、明らかに知覚される特徴は異なる。車窓を通して流れる景色を楽しむというアフォーダンスでは、適合か否かの差が生じる。しかし、確保されたシートで静かに本をむ人にとっては、周りを包む電車というモノからのアフォーダンスは適合していることになる。このようにアフォーダンスは、さまざまなとらえ方がある。

56 新しい観光名所とアフォーダンス

東京駅を降り立ち八重洲中央口に出ると、白い大きな屋根のようなグランルーフが登場する。路上に出れば、陽射しの強い夏などは日よけのひさし代わりとなる。地下一階から地上三階までのちょっとしたショッピングモールになっていることには、直ぐには気づかないほど、そのお洒落なデザインが目を引く。まるで強大な帆のような大胆なデザインは、煉瓦造りの東京駅の質感とは全く異なり、透過性のある白い帆をもつ大きな帆船のようでもある。よく見てみると、実は北と南側のタワービルをつないだ二三〇メートルにもわたる長い構造物であることがわかる。

本来ならば、単に両者をつなぐ陸橋、あるいは歩行者用通路として存在するものが、アフォーダンスによって全く違った見え方を提示しているのが新鮮である。〝光の帆〟をイメージした斬新なデザインにより、その白く大きな帆のような、大きな屋根のような仕掛けが、私たちの目に真っ先に飛び込み、今までにない新たな感覚を与えてくれる。夜になると、ライトアップされたその大きな帆のような屋根が白く明るく反射されて、東京駅を優しく包み込む大きな船のようにすら見える。

二階のペデストリアンデッキ（高架になっている歩行者専用通路）を歩いてみると、地上から見たイメージと全く異なる見え方となる。大きな帆である屋根を間近に感じながら、壁面が緑化されてドライミストも設置されているデッキは、無味乾燥な通常の歩行者用通路とは異なり、ゆったりと散歩でもしているかのようだ。建築物や構造物が、私たちに与えるアフォーダンスの効果は、思っている以上に大きい。

解説　環境心理学とアフォーダンス

私たちの周りの環境、例えば建築物、構造物、住居など人工的なものや自然環境などと、人との関係や影響などを考察するのが環境心理学である。一九七〇年代初めに成立した新しい分野であるが、近年私たちの住環境のみならず、あらゆる分野で活用されている。

当初は、高度経済成長期により生まれた住環境によるひずみ、すなわち都市部の高密度化や新しく出現した高層建築物などの新たな住環境的問題に対して、発生する心理面の解決をめざすものとして位置づけられていた。しかしながら近年では、環境をデザインすること、すなわち環境を変化させることで、間接的に人々の心理に関するさまざまな問題を解決する方向へと進んでいる。

いわば、周りの環境を変化させることにより、人々に対する影響や認知を変化させようとするもので、まさにアフォーダンス的な発想につながる。東京駅のグランルーフも、単なる北と南のタワー型ビルをつなぐだけの橋ではなく、そこに帆を模した透過性のある明るい大きな屋根を付けることにより、「橋」から「人が集う家」へと大きく転換するアフォーダンスを与えてくれる。見る角度や距離感などによって、ものの見え方が変化するアフォーダンスは、このように建築物などの人工の構造物が空間における役割や位置づけを、人々がどのように受け止め感じるかに関わってくる。大は都市をデザインするという視点で用いられたり、小は身近な室内のインテリアや家具などの小物に至るまで、そこに集う人々への影響や心理と関わってくる。従来その特性から建築学と密接な関係にあった環境心理学であるが、近年は「周りの環境をデザインする」という視点から、人と周りの世界との重要な関係性をもつ〝アフォーダンス〟的視点の導入が必然となってきている。

57 お辞儀は謝罪のしるし？

アメリカのオバマ大統領が来日し、皇居で天皇に謁見した時の「お辞儀」が日米で大きく話題になったことがある。時の大統領は、出迎えた天皇、皇后両陛下に対して深くお辞儀をして敬意を表した。日本のマスコミはこぞって大統領の礼儀正しい行為を概ね評価するものだったが、アメリカ側の反応は大きく異なったのである。

それは大統領のとった行為である「お辞儀」の仕方が、まるで謝罪しているかのようだという批判的なもので、ネットの多くの動画サイトにも掲載されたり、SNS上でも多くの批判が飛び出した。日本では対面時、特に初めて会う人に対して、腰を曲げて頭を下げる行為は、相手を敬うお辞儀として誰でも知っていることである。ところが文化の異なるアメリカにおいては、対面では通常は握手をすることが多いこともあり、お辞儀のように体を曲げて頭を下げる姿勢は、相手に謝る行為の一つと見なされる場合が多い。

同じようなことは、日米のアイコンタクトにも見られる。ハワイやサンフランシスコの空港に降り立つと、現地の方が満面の笑みを浮かべて、にこやかなアイコンタクトで迎えてくれる。街中を歩いても、たまたま視線が合った時でも、必ずといっていいほど、にこやかで優しい眼差しのアイコンタクトを送ってくれる。片や日本で、知らない他者とたまたま目線が合うようなことがあると、気まずさを感じてすかさず視線を外そうとする。

同じお辞儀やアイコンタクトでも、それぞれの文化で育った人たちにとっては、全く異なる意味を与えることは興味深い。同じ人間のとる行為なのに、それぞれの行為のアフォーダンスが、異文化の中で大きく異なる点を忘れてはならない。

解説 異文化とアフォーダンス

同じ人間の行う行為でも、それを解釈する人が外国人の場合は、通常の解釈と異なる場合が多くなる。特に、エピソードのお辞儀やアイコンタクトといった行為は、ごく日常的でプリミティブなノンバーバル（非言語）コミュニケーションであり、その行為に付与された文化的な意味づけは異なるケースが多い。アフォーダンスは、あるモノや現象が与える、受け手にとっての見え方や価値観の相違や変化である。前の**55**のように、建物や環境が人々に与える見え方や印象の違いなどによく用いられる。見る人の立ち位置や、移動することによって変化する見える世界の変化をアフォードするのである。アフォーダンスのこの考え方は、ある行為や現象を解釈する場合の基本となる固定的なスキーマである先有傾向と、成員が属する文化と密接な関係にある。それぞれの文化や歴史によって、ある行為や現象のイメージや意味は異なるケースが多い。文化という立ち位置により、その見え方や価値が、異なって映るのである。

ある文化によって規定されている先有傾向は、そこで通用する固定的なスキーマを形成し固有の文化イメージをもっている。これが異なる文化のスキーマに遭遇した時に、明らかに自国の文化とは異なる異文化イメージを形成しやすい。その結果、同じ行為でも解釈や理解が異なって誤解が生まれやすい。このような異文化によるアフォーダンスの違いを乗り越えるためには、自文化と異なる相違点を偏見をもたずありのままに相手の文化を理解しようとする「文化相対主義」の考え方が一般的である。

58

コンビニは新商品のメッカ？

コンビニに立ち寄って陳列してある商品棚をのぞくと、毎週のように新しい商品が生まれていることに気づく。先週まで置いてあった清涼飲料水が、今週は新商品と入れ替わっているなんてことはざらである。コンビニ業界での食品、清涼飲料水、アルコールなどの販売は、各フランチャイズの売り上げ全体に大きく関わるメインのものである。来客者の多くが接するお総菜、お弁当、おにぎりなど食品のコーナーは、どこの系列のコンビニでも最も売れ筋商品が並べられる激戦区でもある。これら毎週あるいは隔週のように登場する新商品を注意深く観察してみると、以前あった商品と似たようなモノでありながら、どこかしらテイストが違っていることがわかる。似ているけれども、何か新しさを感じるところがある。清涼飲料水でみてみると、以前は同じような形で中身の見えるクリアなペットボトルにそれぞれメーカーごとに異なるデザインのラベルで売られていた。それが今では、お茶の葉と同じようなグリーン系のペットボトルや、真っ黒な色の烏龍茶のボトルが売られている。それぞれに中は見えないけれど、その成分と同じようなカラーを使うことにより、消費者への、商品のイメージ化に役立っている。カラー化によって、商品イメージがアフォードされている例である。これだけで従来の商品とは異なる新鮮さを与えてくれる。何かしら新しいアフォーダンスを与えるのは、ほかにも商品の形態自体の変化がある。コーラと同様に真ん中にくびれを作ったモノや、手に持った感じがずっしりと重くて大きい缶コーヒーなどである。それぞれ持ちやすさをイメージしたり、あるいは長くじっくり飲むコーヒーというイメージを与えてくれる。私たちが新鮮さを感じる新商品は、このようにカラーによる差別化や形によるイメージチェンジなどの例からわかるように、アフォーダンスと密接に関わっていることがわかる。

解説　アフォーダンスの消費者心理と商品開発

新商品を開発する際に、基準となる従来の同様な商品に対して、どこかしら新鮮なイメージを与える要素が必要となる。もちろん内容面の改良・改善はいうまでもないが、同じような形態の場合には、消費者に新商品であると認知させる新たな変化が求められる。新しさをアフォーダンスさせる何かが必要になるわけである。

商品には通常二つのアフォーダンスが存在する。直感的に見てわかる外観の物理的なアフォーダンスである。そしてもう一つは、その商品が私たちに与える情緒的、心理的なアフォーダンスである。物理的な外観に関するイメージチェンジは、多くの商品に実際に行われているように、「形を変える」あるいは「カラーを変える」パターンが多い。大きさが一様だった缶コーヒーも、大きな缶で時間をかけて飲むタイプが登場して、大きなブームを博した。業種別にも大きな勢力となっているＩＴ関連企業の従事者が、デスクワークがメインとなる仕事ゆえに、机に置いて時間をかけて飲むというスタイルにマッチした飲料となった。また例えばチョコレートでは、ポリフェノール（抗酸化作用が強く、動脈硬化などの生活習慣病に効果があるとされる成分）の含有量を大幅に増やしたり、乳酸菌を入れて差別化することにより、最近の大きなトレンドである健康志向とマッチして、外見は旧来品と同じでも、新商品として人気を博している。このように新商品には、見た目の新たな物理的な変化によるアファーダンスか、あるいは心理的・情緒的にアピールして新鮮と感じさせるアフォーダンスが必要となり、多くのメーカーがそれらを求めて日夜しのぎを削っている。

59

大きなガラス張りの理由

京都の三条通にはお洒落なお店が並ぶ。若い女性に人気のカフェやレストランなどがつづく。この通りを散策しながらふとこれらお洒落なお店を見てみると、大きな共通点があるのがわかる。それは外から見た時に、その多くは大きな素通しのガラスで中が見えるようにしていること。つまり地面のラインから天井までを縁などの枠組みをほとんど取らずに全面ガラスにしているのが特徴である。

中で向かい合ってお茶を飲んでるカップル、リラックスしながらゆったりと新聞を読んでいる人、小物を見ている買い物客、忙しく動き回るスタッフと、中の様子が手に取るように見えて楽しくもあり、またおもしろい。さらに大きなガラスのおかげで、中が明るく映りクリアな清潔感が漂う感じである。

京都ではとかく一見さんお断りという固定したイメージがあるけれど、こうやって外から中の様子がそっくり見えるお店には、自然と入りやすい雰囲気が醸し出される。入る時のためらいは必要ない。敷居が低くて安心といったところだろうか。

逆に中にいる人から見ると、外を歩く人たちや町並みそのものが、まるで一つの景色となっているのである。たった一枚のガラスを隔てているだけなのに、別の空間が存在するのである。そしておもしろい点は、外から見られていると同時に、こちらからも見ているという双方向の心理がはたらくことである。

でも見られることが気になる人には、ちょっと向いていないかもしれませんね。

解説　監視型と呈示型のコミュニケーション

通りに面した大きな素通しのガラスを通して行われるコミュニケーション、正確には視覚的コミュニケーションには、送り手と受け手が「見る―見られる」と「見せる―見せられる」の二つの関係が生じる。「見る―見られる」関係では、見る側が受け手となり、見られる側が送り手となる。どのように見るかは見る側の自由に任されることになる。逆に「見せる―見せられる」関係においては、今度は送り手が見せる側に、受け手が見せられる側に変わる。ここでは送り手の任意の意志に基づいて、意図的なコントロールが可能となる。

社会学者の正村俊之（二〇〇一）はこの二つのタイプの視覚的コミュニケーションを、前者を監視型コミュニケーション、後者を呈示型コミュニケーションと呼んで区別した。また哲学者のM・フーコーは、そのパノプティコンの監視型コミュニケーション論で、見る側と見られる側の「支配―服従」関係と、見られる側の「相互孤立化」の関係が生じると述べている。

60 京都御所の轍(わだち)

街中のうっそうとした木立、ちょっとした森である。湧き水に集まるさまざまな鳥を観察するバードウォッチングの人たち。爽やかな風にひかれて、この森をゆったり歩くカップルやジョギングする人たち。京都の中心に位置する御所（京都御苑）の光景である。御所の中は思いのほか広い。南側の丸太町から北側の今出川方面に抜けるまでせっせと歩くと、少し汗ばむほどである。この方向はやや上りとなっていることに加えて、きれいに敷き詰めてある砂利がくせ者である。革靴なんかだと、足をとられて正直歩きにくい。

ところが、そんな砂利道をすいすいと進む一群の人たちがいるではないか。自転車を快適にこいでいるのは地元の人たちである。靴よりも細い幅のタイヤで、あの軽やかな走りっぷりはなんだろう。その理由は、御所の中を歩いたことがある人なら誰でも知っている。広大な砂利が敷き詰められた御所の道をじっくり観察してみると、いくつかの細い道筋が見える。幅は三〇センチほどで、地肌がはだけて砂利はほとんどない小道。いわゆる轍である。人々が何度も同じ場所を通るうちに、広い砂利道の中に自然とできた小道である。

驚くのは、この道が何年経っても変わらず同じ位置に存在し続けていることである。よくこの轍を見てみると、くにゃくにゃ曲がらず、ほぼ直線に近いレーンになっていること。そしてその轍に面した砂利をどかしてみると、明らかにこの轍のレーンの部分が削られて、大きな凹(くぼ)みになっていることがわかる。長年にわたって人々が同じレーンを自転車で通り続けているのである。限定された空間での話だが、どんな所でも人の息づく所には、自然と新たなルールが生まれていくことが発見できる。

解説　人の流れと新たなルール

京都御所の自転車の轍は、近隣に住む庶民が作り出した一種の私的なルートである。本来は宮内庁の管轄下にある宮の土地に、私である一般市民が自然と築きあげた轍である。

京都御所の周りには立派な歩道や車道があり、自転車はそれらを通ることもできるが、御所の中を通るのは一つの近道ルートとなる。つまり時間性の問題。人の流れには時間を基本とした効率性が大きな要因となる。物理的な流れあるいは情報の流れを考えてみれば、時間的効率性は流れの基本となる重要な要素でもある。

興味深いことは、道というよりも轍のこのルートが、何年もの間ほとんど変わらずに存在しているということ。時間的効率性に加えて、ここを通る自転車利用者の間に生活基盤に根付いた集団規範ができていることが示されている。

61 テレビの魔力

スポーツの祭典、オリンピック。この時期になると開催地からの実況中継にかじりつく私たち。ふだんはスポーツ中継をほとんど見ない人でもオリンピックとなると格別で、日本選手の動きに一喜一憂する。金メダルなんぞ取ると、近所中の家々から歓声が聞こえてくる。これほど国民が一体化して連帯感をもてるのは、四年に一度のオリンピックならではであろうか。そしてこのような一体感を生み出しているのは、ほかならぬテレビであることに気づく。クローズアップやクレーンを使った中空からの撮影手法、水中からの競泳の模様、バレーの作戦タイム時の会話中継といった送り手側のさまざまな工夫は、視聴者を飽きさせないし、ライブなリアル感を伝えてくれる。まるで試合会場の観客席にいるような興奮感に包み込まれ、選手の緊張感を肌で感じる。このような感情の興奮の容易な伝わり方、あるいは熱狂的になる一種の暗示性は、まさに群集心理そのものである。群衆の特徴は、主体的な意志が消失し、周りの感情に支配されて一体化する点である。つまりいつもの冷静な判断力がなくなり、周りあるいは送り手側の感情に流されるということである。

そういえばテレビショッピングを見ていて、スタジオのおばちゃんたちの歓声や拍手についつられて、思わずいらない物を買った記憶がありませんか？　あれと似ていますね。みなさんも買ったまま使わずじまいの物が、物置にあるのではないですか？

解説　メディアの効果・影響論

テレビ、新聞、ラジオなどのマスメディアが人々に与える影響については、今日まで多くの研究が行われてきた。特にテレビの影響力については、テレビ初期の冷蔵庫や洗濯機など耐久消費財の認知や普及に貢献し、またその後の多くの消費行動や流行現象にも大きな影響を与えてきたことは誰しも知るところであろう。

しかしテレビのこのような影響力は両刃の剣でもある。同じ番組を見ている視聴者は、見方を変えるなら、一種の群集心理的な要素をもつ集団ともいえる。マスメディアが視聴者に引き起こす同調化作用に注目する社会心理学者D・P・フィリップスによると、新聞やテレビの自殺報道の比率が大きければ大きいほど、多くの自殺が誘発されることを報告している。ニュースである種の犯罪が報道されると、同様の模倣行為が連続することもよく知られている。いわゆるメディアが介在する社会的感染と呼ばれるものである。

マスメディアは、このようなプラス面やマイナス面での大きな同調化作用あるいはフォーカス化を引き起こすとともに、セグメント化（細分化）した価値意識をはぐくむといった複合的な作用も生み出すと、メディア研究者のP・バーワイズやA・エーレンバーグらは述べている。

62

ささやくのは誰？

平日私たち日本人がテレビに接する時間は、約三時間近く。この接触時間は実に四〇年近くにわたってほとんど変わっていない。テレビの画面から、連日のように流される膨大なＣＭ。人気タレントの美しい笑顔に思わず引きこまれたり、かわいいペットとの会話から伝わる愛おしさ、はたまたお笑いコンビのネタに爆笑したものの何のＣＭだったか忘れたりと、とにかくＣＭはおもしろい。番組のおまけなんて思っていても、いつのまにかＣＭで流れるキャッチコピーが自然に口をついて出てきたり、鼻歌でメロディを奏でたりしている。

よく考えてみると、最近のＣＭは決して選挙演説のように、商品名を強調したり連呼しない。むしろ最後の方で「ささやく」程度である。ところがこの「ささやき」がくせものである。どんなに小さなささやきでも、毎日接触していると、いつのまにか自然と受け入れる態勢になってしまう。

ある大学での教え子の話であるが、彼は意中の彼女に来る日も来る日も隣の席に座って、授業が終わって席を立つ時に必ず「好きです」と小さな声でささやいたとのこと。すると最初は相手にもされなかった彼が、三か月後にはデートに誘うことに成功したという。これらは「ささやき効果」と呼ばれるもので、一種の説得的コミュニケーションである。大きな要求よりも小さな要求を出して、送り手の説得意図を極力小さくしながら伝え続けることによって、やがて大きな要求が可能となるものである。読者のあなたにささやくのは誰？

解説　段階的承諾法とささやき

　耳元でのささやきは、多くの場合ほとんど気にならないくらいの大きさである。しかし小さな音量のその言葉は、何度も繰り返されることによって威力を発揮する。最初の小さなささやきを受け入れることによって、繰り返されるささやきやしだいに大きくなる声も、段階的に認知するようになる。

　通常は高関与のものよりも、価格の安いものあるいは何気ない低関与のものについて、その効果が大きいと考えられる。これを送り手側からみると、関心や興味のなかった人に、気持ちや態度の変化を引き起こす、いわば説得的コミュニケーションの一つということになる。

　中でも、このコミュニケーションは段階的承諾法、別名フット・イン・ザ・ドアー手法と呼ばれるものである。相手が最初にささやかれた小さな申し出をつい受け入れることにより、段階的に承諾し続け、最終的に目標となる申し出を受け入れてしまう手法を指す。応諾獲得方略の一つである。

63

飛び交う座布団

常に勝つことが期待される横綱。観客もテレビの視聴者も終盤の横綱戦になると、食い入るように見つめる。期待通りに勝てば拍手喝采、だが負けるとあっという間に座布団が空中を飛び交う。それを実況するアナウンサーも思わず「あっ横綱倒れました。座布団が飛び交っています！」と中継する。私たち視聴者も何の疑問にも思わずこの光景を見ている。でもよく考えてみると、いくら綿が詰まっているといってもある程度の重さはあるのだから危険でもあり、それを投げるなど本来慎むべき行為である。幼児やお年寄りの頭にでも当たったら一大事だ。

そんなことはみんなわかっているのだが、今では横綱が負けると必ず見られるシーンとなっている。これは競馬の馬券がはずれた時、紙くずになった馬券が一斉に空中を舞うシーンと重なる。多少いけないことわかりながら、庶民のうっぷんが、物を投げるという行為でその欲求不満を表現しているのだろう。これは特殊な場面での、「欲求不満の群集心理」である。

ネット上では「フラッシュ・モブ」と呼ばれる一時的に発生する小さなブームが時々話題になる。このネガティブな群集心理の特徴は、道徳的にボーダーぎりぎりのところに発生することである。「座布団くらい、いいじゃないの！」という気持ちは、高い期待に対する失望感に支えられており、人々の心理を代弁してもいる。それにしても公共放送で毎度のように飛び交う座布団投げを映したりコメントするなんて、それらの行動を公認することになるのではと思われる方も多いのでは。

このような意見が多いのか、最近では放送の中で注意を促すコメントも聞かれるようになった。

解説　スポーツ観戦と群集心理

手に汗を握るスポーツ観戦。Ｊ１のサッカーのサポーター、あるいはひいきの球団の野球観戦。メインスタジアムにいる観客の熱狂ぶりは、テレビ観戦のそれとは比べものにならないくらいに燃え上がる。スタジアム全体に盛り上がる臨場感は、見ている観客全体にあたかも巨大で強力な一体感をもたせる。

革命の時代に育った社会心理学者ル・ボンは、当時の一般市民が集団化する時に発生する心理を群集心理と呼んだ。その最大の特徴は、個人が匿名化され、無目的に付和雷同的に行動することとされる。

群集心理の多くは、マイナス面が指摘されている。サッカーの十二番目のメンバーといわれるサポーターの熱い応援などは、まさに選手の動きの一挙一動とリンクし、彼らを支える大きなパワーともなっている一方、サポーターは負けた時の一体感も強く、相撲の座布団の嵐のように、興奮状態の群集心理に陥るシーンもよく見られる。

64

猛暑の残したもの

異常気象による近年の暑さは記録的だった。三五度を超える猛暑日が日本中至るところで過去最高となった（二〇一八年）。「暑さ寒さも彼岸まで」という常識を覆して、実に九月中旬まで暑い日々が延々と続いた。ショップでは日傘、帽子はいうまでもなく、清涼飲料水やアイスクリーム、塩分チャージの錠菓などが飛ぶように売れたという。朝晩は涼しくなってきた一〇月に入ってから、ふとあるおもしろい光景をよく目にするようになった。それはペットボトルの清涼飲料水を公衆の前でも平気で持ち歩く中年の人たちの姿である。電車の中や人の集まる広場などで日に何度も目にする。今までは自動販売機でペットボトルの清涼飲料水を買うのはほとんどが若者で、コンビニなどでもやはりそうであった。高校生や大学生らにとって、ペットボトルの清涼飲料水は今では一つのファッションアイテムになっているかと思えるほどである。

ところがこの記録破りの猛暑は、老若男女を問わず人々を冷たい清涼飲料水へと走らせた。そして実に三か月に及ぶ暑さが、通常は手にしない世代にすら新たな習性を定着させたのだろうか。長期的にみると夏期の気温の高さと消費の増加には直接的相関はないといわれているが、こと流行や新たな使用（イノベーション）に関しては、何らかの関係があるのかもしれない。そういえば、秋の気配を感じる朝晩めっきり涼しくなってきた日でも、いまだに後生大事にペットボトルを側に置いている方はいませんか？

解説　イノベーションと季節との関係

イノベーションとは、一言でいえば"something new"なもの。つまり新たなアイデア、思考、知識、サービス、行動パターンなど、従来のものとは質的に異なるものである。社会学者E・M・ロジャースは、このイノベーションが徐々に広がっていく過程を図式化して表したが、現代社会では必ずしもこのパターンに当てはまるとはいえない側面もある。

ここでのエピソードは、本来季節的要素の強い一過的な流行現象にとどまらず、季節のバリアを超えて普及していく様に特徴がみられる。流行現象は、例えば冬のスキーやスノーボードに関する流行、あるいは夏の海や山のレジャーとリンクした流行などもよくみられる。しかしながらこれらは、季節的要因により派生するために、流行現象というよりも季節的な普及過程ではないかという考え方もある。あるいは逆に季節的なブームや流行が、その本来の時期を過ぎても使用されるところに、流行現象の固定、すなわち定番化されたとみる考え方もある。流行現象は、一般的な普及過程の一部なのか、あるいはまた特殊な現象なのかという古くて新しい論争を、ここでのエピソードはまさに提示している。

65

ダイエットは楽し

ひょんなことからダイエットすることになった。今まで何度かトライしてみたが成功したためしはなかったが、今回は知人のあるドクターの一言が決定的となった。それは「ダイエットはとても知的なことですよ」というアドバイスである。この言葉に刺激されていよいよダイエットを決心してから周りを見渡すと、今まで特に気づきもしなかった世界が見えてくる。

例えば食料品店やスーパーでは、食品を包む袋には必ず総カロリー表示と成分表示が記載してある。さらに、スーパーはいうに及ばずコンビニに至るまで、カロリーオフのさまざまな健康食品にあふれている。アミノ酸配合のもの、体脂肪燃焼タイプ、自然食品など、バラエティに富んだものが容易に手に入る。つい一昔前のような特殊な薬やダイエット専用食品ではなく、ごく一般の食品や清涼飲料水として売られているのである。これらの食品から発せられる情報性をうまく活用しながら、楽しみながらのダイエットが可能となっている。

かくいう私も、これらの食品を「知的に」活用しながら、一か月でかなりのダイエットに成功したのである。そして会う人ごとに、「あらっ、スマートになられましたね!」と言われることも、一段と励みになることに気づく。ダイエットの場合には、自分の意志よりも他人の目がキーポイントになるようだ。若い女性を中心とした昨今のダイエットブームを考える時に、彼女たちは他人の目を軸とした他人志向のタイプにはいるのかもしれない。いずれにしても、過激なダイエットは、体に逆効果であることはお忘れなく!

解説　外なる自己イメージと他人志向型

　ダイエットは今では若い女性を中心に、一時的なブームや流行現象というよりも、定着化するほど根強い人気がある。またメタボリック・シンドロームのキーワードの普及とともに、中高年の男女にもダイエットの意識は広まった。一見同じにみえるこのダイエットの意識も、後者があくまで健康志向上の理由で自らの目を基準にしているのに対して、若い女性にみられるダイエットの意識は、他者の目を基準としているところに特徴がある。内なる自己イメージと、外なる自己イメージの違いである。

　一九五〇年代に社会学者のD・リースマンは、他人志向型というコンセプトを提示して、物質的に繁栄してきた社会での人々の価値観やタイプといった社会的性格を表した。自己の内面に価値をおき、切磋琢磨して目標を達する近代以前の内部志向型に対して、現代では他者の目や価値観を基準として行動する他人志向型が登場するとされる。

　ダイエットにみられる二つの大きな流れは、あたかもこの両タイプの志向型に似ているところがおもしろい。

66

いつでもどこでもパシャリ！

観光地に行くと、あたり構わずスマホでパシャリ！　中には周りの人そっちのけで、自撮り棒で撮りまくる人たちで一杯である。そういえば同じような光景が、レストランに行った時にも見られた。豪華なディナーコースが出てくると、まずパシャリ！　それからおもむろに食事に入るのである。これらは、なんのために撮影するのかというと、すぐにアップして、インスタグラムに載せるためである。今や高性能のカメラ機能を搭載したスマホは、かつての高級なデジカメ並みのスペックとなっており、失敗することなく、イメージ通りに撮れるようになっていることも、これらのブームの大きな要因でもあろう。

このネットにアップして多くの人に見てもらうインスタグラムは、文字不要の写真だけで成り立つSNSである。最近では、このインスタグラムに写真をアップして、多くの「いいね」のポイントが増えることをめざす若者が多く、大きなブームになっている。そしてこのようにネットにアップし見栄えのいい写真を作ることは、フォトジェニックと呼ばれている。いわゆるインスタ映え、SNS映えのことである。

毎日たくさんの写真がSNS上に上がることによって、ほかの人の写真よりも目立ちたい、注目されたいという気持ちも生まれてくる。そのために、冒頭であげたエピソードのように、旅行を楽しむというよりも、あるいは食事を楽しむというよりも、ほかの人に見てほしい見られたいという気持ちから、ひたすらパシャパシャと撮影する人たちがよく目に付くようになった。これでは、本来の楽しみに対して、本末転倒ではないかと思うのは私だけだろうか？

解説　フォトジェニックにみるコミュニケーション心理

フォトジェニックを語る際に、撮影者には二重の心理があることに気づく。それは今はやりのSNSであるインスタグラムに、自分も乗っているということ。流行に遅れずについてきているわけである。それと同時に、そこで撮る写真をほかの第三者にも見てもらいたいという強い「他人志向性」があるということ。この他人志向性については、他者からの承認欲求や他者への親和欲求ともいわれている。またSNSに載せるという行為は、本来自分が撮った自分だけの写真が、他者との情報共有になっている点も見逃せない。

このように流行性がとても高い特徴があることと、他人志向型であり情報（写真）を共有したい、あるいは伝えたいという二重心理は、実はくちコミの心理とよく類似しているものである。くちコミが発生するのは、その対象となる情報に落差がある時である。そこで早い段階でその情報を知り得た者が、まだ知らない者に伝えるのである。その時の心理としては、新鮮な情報を伝えたい教えてあげたい、あるいは仲間と共有したいといった気持ちと、一種の優越感もあり、伝えようというエネルギーが生じるのである。フォトジェニックでも、誰も知らないようなシーンや景色、場面などを教えてあげたい、共有したいという気持ちがあり、よく類似していることがわかる。つまりくちコミ同様に、他者とのつながり意識というのが底辺にあり、そこから本来個人的なワールドであるにもかかわらず、シェアーしたいという気持ちが生まれてくるのではないだろうか。

67

ダリ風の文字の魔力

目も眩(くら)むほどの魅力的な光を放つ高級時計。今この高級な機械式時計のブームが若い人たちにまで広がっている。女性ファション誌などにも、スイスのジュネーブやバーゼルの時計フェア特集記事が以前にもましてよく見られるようになった。高級時計はお金持ちのオジ様のモノという概念が大きく崩れつつある。

その代表的な時計が新興のフランクミュラーである。わが国に登場してわずか二〇年余で、それまで腕時計界の王座に長く君臨していたロレックスに迫るブランドイメージとなりつつある。平均価格は軽自動車の価格と並ぶ一〇〇万円近くの高額時計。バブル期ではあるまいし、なんでそんな高額時計が売れるの？　と思われるかもしれない。その秘密は時計自体の魅力にある。まだ見たことがない方は一度その時計を目にすれば、その理由が理解できる。度肝を抜く大きくユニークな文字、トノー（樽）型で湾曲した独特な時計本体。一度見たら忘れられない個性的な顔をしている。

「あのダリ風の文字が好き」と言った女性がいたが、一言でいえば「デザインの新鮮さ」に尽きよう。既成の時計観を打ち破るデザインのコンセプトが斬新である。時計は実用性に加えてコミュニケーション機能としても用いられる。所有者のセンスの良さを示す、他者へのアピールとしての側面もある。現代人は身体をデザインしメッセージ性を高めるためには、惜しみなく対価を払うようである。

解説　流行と新奇性

かつて全盛を極めた機械式時計も、クオーツ時計の出現とともに衰退の一途へ。そんな中、長い伝統を誇るスイス製の機械式時計が再び注目されはじめ、人気のアイテムとなってきた。腕時計の中で相対的希少性が高くなったこれら機械式時計は、手巻きや自動巻きといったアナログ式時計のもつそのゆったりしたリズムが、デジタル全盛の現代においてかえって魅力的に映るようである。

流行のもつ重要な要素に、新奇性があげられる。ここでとりあげたブランドのように、従来にない大胆なデザイン、カーブした文字盤などは、新鮮なデザインであり、まさに新奇性そのものである。かつて一部のブランドでも同じようなものはあったが、これほどブランド全体で徹底したコンセプトを販売戦略化したところに、その大胆な新奇性がみられる。

68

雑誌と二重心理

流行とファッション女性誌との相関が高いことは、よく知られていることである。筆者が過去三〇年間にわたって行っているマスコミ意識調査によると、雑誌とメディア接触行動との関係に興味深い結果で報告されている。女子大生を対象に、「よく読んでいる雑誌は？（複数回答可）」をあげてもらうと、代表的なファッション女性誌が軒並みそろう。特に注目されるのは、この三〇年間にわたって、その人気のポジションと占有率はさほど変わらない点である。若い女性のファッションをこれらの雑誌がリードしてきたということでもある。特にトップ四に関しては、順位こそ多少の変動はあれ、これらの占有率は、常に三割以上となっている。つまり三人に一人は、上位四位のどれかの雑誌を読んでいることになる。そして同じ回答者があげた雑誌の点数を数えてみると、平均して一人について二・一冊もの雑誌のタイトルがあげられる。

人気の代表的なファッション女性誌を集中して読んでいる反面、一人につき二冊もの異なる雑誌が出てくるという不思議な事実。これは何を物語っているかというと、みんなが読んでいるファッション女性誌は必ず目を通すということ、そしてそれとは別に本当に自分が読みたい雑誌は、個別に読んでいるということになる。

これはみんなが読んでいる、あるいは今が旬のファッション誌は読まなくてはならない、いわば教科書的なものであり、片やそれとは別に読み手の興味や関心に沿った本音に近い雑誌にもアクセスするという構図であろうか。

解説　雑誌にみるフォーカス化とセグメント化

ここでの若い女性の心理は、建前と本音ともいえる二重心理である。これは流行が引き起こされる相矛盾する二重のベクトルと一致してくるものである。一つは流行発信源であり新製品情報の掲載されたファッション女性誌への強い同調性のベクトルであり、さらにその一方で個人の個性にそった選択である個性化、すなわち非同調性のベクトルとなる部分である。前者が多勢が同調する収束化現象であり、後者は個々にセグメント化された現象であり、これらの逆の位相のベクトルが流行の大きなエネルギーになるものである。

今後はこのようなアナログな世界での二重心理的行動が、デジタル社会、特にネットやモバイルでの流行的な情報行動や消費行動と、どのような共通点や相違点があるのか注目されるところである。

69

将棋ブームとメディア報道

ボードゲームは盤上で行うゲームであり、世界各地にさまざまなものがある。わが国では古くから人々に親しまれてきたボードゲームの代表的なものに、将棋と囲碁がある。二〇一六年から二〇一七年にかけて、この将棋が一大ブームとなった。その立役者は、藤井聡太君で当時最年少のプロ棋士として活躍した。一四歳二か月でプロ棋士となり、それまでの最年少棋士記録を六二年ぶりに更新するという快挙を成し遂げた。そしてプロデビュー以降の試合に勝ち続けて、勝率を連勝記録の歴代一位となる二九連勝まで伸ばし、前人未踏の連勝記録三〇連勝達成なるかという時期になると、各報道機関の報道も過熱し、連日藤井棋士を特集する番組が続出した。またこのデジタル時代ならではの報道の特徴として、テレビや新聞、雑誌といったかつてのマスコミばかりでなく、ネット上のニコニコ生放送のようなライブ動画配信サイトでの中継、あるいはAbema TVのようなネット放送局でも流された。まさに新旧の大量伝達のマス・コミュニケーションが総動員して、連日熱い報道を続けた。

ニュース報道はもちろん、ワイドショー、特別報道などでも次々ととりあげられて、藤井棋士は、注目度が最も高いまさに時代の寵児とまでなった。テレビをどのチャンネルに変えても、一斉に藤井棋士の報道ばかりで、将棋ファンでなくても、彼の名前を知らない人はいないほどのブームとなった。

このように話題となっている人や事柄だけをひたすら追って、どこのチャンネルも同じシーンばかりとか、どのメディアも一斉に同じ人物やテーマを扱っている現象を、欧米のメディアは「パック・ジャーナリズム（Pack Journalism）」と呼んで揶揄（やゆ）したことがある。パックとはまるで蜂の巣をつついた状態のことで、わが国のマスコミに特徴的なものとされる。みなさんも誰かと、実はこの集中的にメディアがとりあげているテーマをいつの間にか話してないですか？

解説　メディアとパック・ジャーナリズム

ネットメディアやモバイル・メディアが広く普及している今日において、戦後七〇年にわたって基幹メディアとして君臨してきたテレビの影響力はいまだに大きい。インターネット全盛の現在においても、視聴者の毎日の平均視聴時間は三時間近く〈全世代平均一六八分＝二時間四八分〈総務省、二〇一八〉〉常時接しており、長年この傾向は変わらず、人々が日常的に接しているメディアであることがわかる。このテレビを中心とした新聞・雑誌といったマスメディアが、ある期間に集中的にとりあげられる現象を、パック・ジャーナリズムと呼ぶ。各局のニュースで繰り返し同じ出来事をとりあげて映像を流したり、またワイドショーなどでも集中的にとりあげる現象を指す。

現在ではネット上にも、リアル社会のマスコミに類似したネット放送局や、ライブ動画配信サイトの中継のようなデジタル系の擬似マスコミュニケーションが生まれている。ネット特有の高速の情報伝播や、SNSの普及による拡散性などの特性により、リアル社会のマスコミと連鎖反応する形で、一気に特定の話題に集中するアジェンダセッティング〈議題設定〉的なパック・ジャーナリズムが出現するようになり、一段とこのパック・ジャーナリズム化の傾向が強まっている点に注目したい。

70

ちょっとした不自由さが流行のポイント

スマホで高速に文字をフリックする女の子たち。ものすごく早くフリックしているのだけれど、もし両手を使ったらもっと速く打てるはずなのに、そんな打ち方をする人なんて滅多にお目にかかれない。デジカメで「はいチーズ！」なんて言って撮っている人も、片手で持ってパシャッと押す。両手でしっかり持った方が安定してきれいに撮れるのに。でも片手撮りの方が断然かっこいい。そういえばミニバイクに乗っているお兄さんたち、スタートしても片足乗りのまま走っている。きちんと両足乗せてまたがった方が、安定して安全なのにと、つい老婆心がでてしまう。今や広く普及して一般的になっているスマホの片手打ち、ちょっと気取ったデジカメの片手だけの撮影、ミニバイクの片足乗りとちょっと街中を見回しただけでも、わざわざ不便で不安定な使い方が目につく。でも実は完全なる安定感や確実さというスタイルや思考は、先端を行く流行には似つかわしくない。両手や両足を使った方が、片手や片足よりも安定して確実なことは誰でもわかっている。

でもその「まとも」なスタイルや思考が、実は月並みになるのである。日常の慣習やなじみのある行動から、ある日流行が突然発生するのは、それが今までの使い方と似て非なるものだからである。先日あるシステムエンジニアの方にお会いした時に、その彼が話をしながらパソコンのキーボードをなんと片手で高速に打ち始めたのには、とても驚いた。左手は軽く頬にあてて、右手だけであの広〜いキーボードを何気なく高速に打つ様は、とても新鮮で印象深い何かがあった。さてみなさんも、パソコンのキーボードの片手高速打ちできますかな？

解説　非同調性と個性化

　流行が生み出されるエネルギーは、大きな同調性と同時に非同調性の相矛盾する要素が共存するところにある。社会学者のG・ジンメルは「流行論」の中で、従来からの模倣を基本とした同調化説に対して、このような二重同調化説を唱えた。流行採用者のこのアンヴィバレンスな心理は、メディアの進化と影響力の大きい現代においても、依然として有効な視点である。

　両手でカメラを持つ、両手でスマホのSNSを打つ、両足をきちんとステップに乗せて走る、といった大多数の人が行う通常の使用すなわち一般的な同調化作用に対して、それとは逆の非同調化作用ともいうべき個性化の部分が、通常の使用からの逸脱となる行為である。ここでは片手、片足といった一見不便とみえる使用が、新鮮で格好良く映る行為となるわけである。これは流行の担い手が多くの場合に若者であることから、彼らの柔軟で常識にとらわれない発想や行動が、その前提にあることはいうまでもない。

71

見せるファッション

ジーンズをはじめパンツルックが一つの主流となっている最近のファッション。以前は見られなかったもので、今では当たり前のようになっているインナー見せファッション。上に着るTシャツやブラウスなどとジーンズとの間から、重ね着したインナーが見えたりするが、本来は隠すものとされているインナーやランジェリーが見えることも、ごく自然になってきた。今ではこのようなシーンに遭遇しても、決してだらしなく見えたり下品に見えないことが、流行のもつお洒落さであろうか。これらの多くは、ヒップハングと呼ばれるファッションのスタイルやデザインの一つで、最近の流行の人気となっている。

以前はこのような見せるインナーには世間は眉をひそめて、さほどブレイクすることはなかった。しかし最近では、見られることを意識したそのデザイン性もさることながら、多くの若い女性たちが次々とこのイノベーション（新しい使用）を積極的に採用するようになったことが大きなブームの要因だろう。まさに流行のもつ大きな同調性というか強制力の為せる技である。そして重要な点は、今までは他者に対しては隠すものであったものが、見せるものに転じたところである。成熟してきたカジュアルなファッションの大きな流れを感じる人は多いだろう。でも、さすがに冬場はちょっぴり寒そうですね。

解説　流行のもつ周期性とイノベーション

ヒップハングと呼ばれる股上の浅いパンツスタイルは、すでに一九六〇年代から七〇年代にかけてブームとなったものである。流行現象には周期性があることがよく知られており、特にファッション関係は、子どもが成人になる頃の親の世代（例えば現在二〇歳の娘の平均的な親の世代である五〇歳代）が若い頃に着ていたファッションが、再びブームとなって登場することが多い。しかしながら股上の浅いこれらヒップハングが以前のそれと大きく異なるのは、丈が短い上着と合わせ腰回りを露出している点である。以前のヒップハングが、丈の長いゆったりとした上着で腰回りの露出が少なかったのとは対照的である。

二〇〇〇年頃から、トップモデルや女性アーティスト、女性タレントなどが着用するようになってからブレイクしてきた。ローライズとも呼ばれるこのヒップハングは、ショーツなどが見えるファッションであり、そのために専用にデザインされたものや見られることを意識したものなども着用される。本来隠すものを自然に見せるという発想の転換に、以前にない斬新さをもつイノベーションとして機能している。これらの背景には、ウエストラインや足のラインがより美しく見えるという女性心理がはたらいているようである。

またこのローライズとコンセプトが近い重ね着したインナー見せも、今では一つのスタイルとしてすっかり定着しているが、これも周期性をもったファッションである。

72

ヒット商品にみる流行要素

はやりのモノに触れると、私たちは今までの商品にはなかった何か新鮮なものを感じる。

例えば「豆腐」のヒット商品を考えてみると、豆腐とソーメンを掛け合わせた豆腐ソーメン、食べる豆腐ではなく〝飲む豆腐〟といったように、今までの四角形で白くて食べるものというイメージとはかけ離れた新たなヒット商品が生まれている。

また日常私たちがよく食べる納豆についても、ケースからねばねばした納豆を取り出しやすく工夫した商品などは、今では一般的になってきた。小袋が開けにくいとか、フタやセロハンテープで手が汚れるといった消費者の不満を解消するために、納豆が簡単にとれる新たな容器開発が行われてきた。そのほか、今では誰でも持っているスマホを、冬の寒い時に手袋をしたまま操作できる工夫をしたスマホ用の手袋も人気である。

ヒット商品の流行要素を考えた時に、大きく二つのタイプがあることに気づく。一つは豆腐ソーメンのように、豆腐という商品にソーメンという別のモノを掛け合わせたタイプである。新たに新商品を開発する時に、全く無のモノから有のモノを生み出すのは至難の業である。そこで多くは従来からあるものを掛け合わせて、新たな新商品を生み出すのが一般的である。

またヒット商品につながりやすいものとして、二つ目は欠点不満解消型というのも多いパターンである。あるスパイスメーカーの黒コショウは、長年愛用されてきたが、そう頻繁に使うものではなく、キッチンの隅に置いているうちに古くなり、かなり残っている状態で廃棄するということが多かった。そこでメーカー側は、内容は同じ黒コショウではあるが、その瓶の大きさを極力小さくして（当然ながら単価も下がり）売り出したところ、爆発的に売れてヒット商品になったとのこと。必要ではあるが使用頻度の少ない商品を、数回の使い切りサイズまでダウンサイジングしたところに、ヒットの要因がある。つまりこれも欠点不満解消型の一つのパターンといえよう。

解説　新鮮さを生み出すイノベーションのコツ……………………………………

イノベーションとは、経済学者J・シュンペーターによると、既存の社会の中に新しい技術ややり方を組み込むこととされ、新結合（innovation）にあるとされる。中島の二〇〇〇年から一八年にわたる食品・飲料のヒット商品の分析によると、最も多いのはほかの商品やカテゴリーと掛け合わせる組み合わせのイノベーションである。それに次いで多いのが、欠点不満解消型と呼ばれるものである。

この両者に共通しているのは、従来からの特定商品に対するスキーマを変えるということである。掛け合わせでは、同じ商品でも新たなほかのジャンルの商品と交わることにより全く異なる商品と見なされるケースが多い。また欠点不満解消型も、それまで欠点や不満としてマイナスだったスキーマを変換させて、便利な新商品と新たにリフレーミングされる可能性が大である。スキーマの変換とは、もともとその特定の商品に対する固定的なスキーマを、ある要素を加味することで、変動するスキーマに転換できることが、より新鮮で魅力的と映るのだろう。

73

流行りモノと消費者の心理

スーパーやコンビニの飲み物コーナーの陳列棚を見ると、はやりの同じような商品がずらりと並んでいる。同じものかと手にとってよく見てみると、異なるメーカーの商品であったりすることに気づく。その多くが同じ飲料業界の競合他社の商品である。

例えば、コンビニで一大ブームを生み出したスムージーの流行をみてみよう。ある食品メーカーがジュースやシェイクとも異なるスムージーをコンビニで売り出してヒットする。すると飲料メーカーはこぞって、右へならえをして、同じようなスムージーを売り出して、大きなマス市場を形成する。ある日コンビニに行って、これらずらりと並んだスムージーを見て、今はやっているのだなと気づく。そして飲料コーナーに新たに登場したスムージーのいくつかを手に取りながら、好みのフルーツをベースにしたスムージーを選ぶわけである。でも毎回同じスムージーを選択するとはかぎらない。いつもオレンジベースを選んだりしている人が、時にはブルーベリー味を選んだりする。やはり同じモノばかりでは飽きがくるので、たまには変えてみたいと思うのは誰しも同じである。

そしてさらに注意深く見てみると、同じメーカーから出ているスムージーも、次々と新作が出ていることがわかる。週単位で商品が入れ替わるというコンビニの飲料コーナーでも、一番の売れ筋スムージーは、ほかにフルーツ味の新作が登場している。それゆえ、せっかく気に入ったマンゴー味のスムージーを求めてきたところ、ある日からそれが突然なくなっており、やむなくほかのフルーツ味の商品にしたなどということは、みなさんも経験があるのではないですか？

解説　トレンドと微差の心理

　ある業界全体に大きな影響を及ぼす流行現象をトレンドと呼ぶ。長期的でゆったりとしたスパンで消費者の流行意識に影響を及ぼすものである。例えば食品業界の大きなトレンドは「健康志向」が一つの大きな流れでここ十数年続くものである。最近の健康への効能をうたうものとして、「特定保健用食品（トクホ）」や「機能性食品」などのお墨付きが付いた商品が特に人気である。

　例えば機能性食品のヨーグルトを考えてみよう。人気の定番ヨーグルトが消費者に広く支持され始めると、今度はその定番とわずかに異なる微差化された商品が出てくる。これは同じモノに長く接していると多くの人に「飽き」がくるので、メーカーは少しだけ一部を変えた商品を出すわけである。これは経済学でいうところの「製品差別化」である。ある商品が売れなくなった時に、メーカーはその商品のアイデンティティを保てる範囲内で一部を変化させた商品を送り出す。すると消費者は、その商品の固定したイメージを失うことなく、新たな新鮮さや魅力を感じるという構図である。

　社会学者のD・リースマンは、このような製品差別化が生み出す新奇性や魅力について、人の心理に応用して「限界的特殊化」の理論を発表した。いわゆる微差化の心理の考え方である。消費者の飽きに対して、同一商品を少しずつ変化させることにより、その魅力や人気を保つことである。このような考え方は、多くの企業で定番商品に対して行われている。何十年も全く変わらない定番商品もあるが、その多くは基本となるアイデンティティは残しつつも、小さな部分を改変しているのである。

74

花粉情報もＡＩ予測？

毎年二月くらいから三月にかけて、鼻がむずむずして思わずくしゃみをしてしまう。多くの人がかかるあの花粉症である。テレビの気象予報では、最近では天気や気温の予報のみならず、花粉飛来予測もできるようになった。スギ花粉飛来の予報がピークに達する頃になると真っ赤な表示が出て、外に出るにも憂鬱な気分になってしまう。

気象庁の花粉情報は、過去のデータをもとにして、通常の気温、ヒノキの花芽の生育調査等から予測を立てている。従来から行われていた一般的な方法である。これに対して、最近ではネットでも、花粉症予測のアプリも出てきている。お出かけの時、スマホで簡単に今日の花粉飛来予測がわかるようになり、便利になった。花粉飛来が多いという予報であれば、今日はマスクをしていこうかと準備ができるし、細かく地域別に予測が立てられているのも参考になる。このようなスマホのアプリばかりでなく、花粉情報の多くは、ＡＩを使って予測を立てていたというのをご存じですか？

解説　ＡＩと流行予測……………………

花粉飛散量の予測は、多くの花粉症患者や予備軍の人たちにとっては重要な情報である。花粉症の発生リスクの高さの時間的経過の予測や、花粉飛散量の地域別分布などを事前に知ることができれば、お出かけの時などに対策を立てることができる。最新の花粉症の流行予測は、ネット上のＳＮＳを分析してＡＩで処理している。いくつかあるアプリの中でも注目すべきは、奈良先端科学技術大学院大学が行っている花粉症流行予測のアプリである「花粉症ナビ」である。このアプリのユニークなところは、花粉症情報をツイッターを分析してデータ化している点である。花粉症というキーワードに注目して、例えば「くしゃみが止まらない」「花粉症がつらい」といった表現や、「周りの花粉症の人たちのくしゃみが気になる」と言ったつぶやきなどを集めてデータ化している。と同時に、そのつぶやきのあった場所を、スマホやタブレットのGPSや、発信者のプロフィールによる位置情報からも分析する。これらのビッグデータを、AIによって自動解析して予測を立てている。SNSのコミュニケーション・アプリである ツイッターにこの機関が注目したのは、その一四〇字までという制約にある。一般に文字数に制約がある短い文章では、自由度が小さく創作性が出しにくい。しかもスマホなどで素早く返す習慣が一般的な環境では、ストレートに本音が出やすいと考えられる。

文字数の制約がさほどない長い文章が書けるSNSのコミュニケーションでは、例えば自己開示性と同時に自己呈示性が大きくなる。自己開示性とは、自分を開く、自分の内面を告白するような特性である。また自己呈示性とは、自分をよく見せる、よく見てもらうというような特性である。つまりありのままの自分というよりは、繕った自分を演出するというものである。これが、ツイッターのような文字数が一四〇字という制約のあるSNSでは、自己呈示性は低いものと想定される。自己開示性については、SNS共通の特性で、口頭に比べて自己を開きやすいものとされる。AIによってこれら〝本音に近い〟情報を自動解析することにより、リアルタイムでの花粉症流行情報が示されることになる。ユーザーの本音をこのような手法でリアルタイムで分析できるようになれば、花粉症の流行のみならず、ファッションなどの通常の社会的流行の予測などにも活用できるものと思われる。

75

花見で楽しむのは？

桜が満開になる頃、日本中の至る所で花見が始まる。東京の桜の名所である上野公園ではこの時期、学生あるいは若い社員らが朝早くから席取りならぬ陣取り合戦で大変である。この年中行事とも言うべき代表的なできごとも、一歩国外に出ると全く異なる視点や趣でみられるのが興味深い。

日米で花見についての実験が行われた。アメリカ人の学生たちに、カラフルな花見を楽しむ日本人の写真（満開の桜の木の下で、シートを敷いて座り、お酒を飲みながら楽しく盛り上がっているグループの光景）を見せて、①何をしているのか？　②最初に目についたのは何か？　という質問を行った。さしずめ日本人なら、一番目の回答は、「花見」であり、二番目の回答は、きれいなピンク色に染まって満開の桜の花ということになるだろう。ところがアメリカの学生の答えは、意外なものとなった。一番目の回答は、「どこか外でミーティングをしている」というもの。これはわからないでもない。しかし二番目の回答に至っては、桜の花と期待している日本人にとってはまず想像できない回答であった。それは「シートの外に並べられた靴」というもの。彼らにとって、室内でも靴は履いているもの。それを外でしかもみんな脱いで並べてあったことが、とても奇妙に見えたのである。

このように文化が異なると、そのフォーカスされる興味関心がまるで異なってくるということ。その結果同じ事象を見ても、全く異なる解釈が行われるということを念頭においておきたい。国家間のみならず、世代間、男女間、地域間、都市と地方との間と、このような視点やコンセプトの普遍されるところは多い。

解説　異文化コミュニケーションと先有傾向

異文化コミュニケーション研究者であるJ・C・コンドンのこの実験は、異文化におけるステレオタイプの違いを説明してくれる。私たちはよくなじみのあるものには、優先してあるいはごく自然に認知できる。桜満開＝花見、入学式……と連鎖的に頭に浮かぶ。これがステレオタイプであり、また先有傾向ともいえるものである。これは意見や関心、態度などにもあるもので、これらのために選択的な認知や接触、知覚が行われて、事実から歪められた情報を取り入れる可能性が生じる。異なる文化や世代間での大きなギャップの発生は、それぞれの固有の先有傾向によるところが大きい。円滑な異文化コミュニケーションを行うためには、この先有傾向の相違と理解が重要な点となってくる。

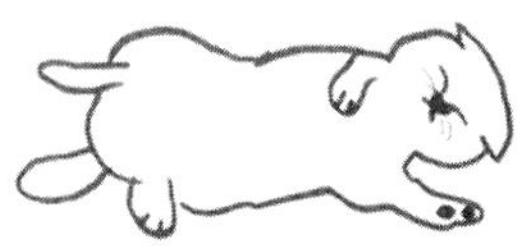

76

開きドアのウェイティング行為

私たちが日常的に使用するドア。大型量販店やデパートの大型施設では、大きな自動ドアや、四六時中オープンのままのところなど、さまざまなドアの開閉スタイルが存在する。このような大型施設に対して、街中の小さなショップやレストランなどに行くと、いまだに自動ドアではなく、手動で開け閉めするドアも多い。

それではここで私たちがこのような小さなショップやレストランに行った時のシーンを、よく思い起こしていただきたい。入り口に着き、さあこれから入ろうとするまさにその瞬間の出来事である。前の人がドアを開けて通過し、ドアに一人分入れるだけのスペースができた瞬間、その隙間に入ろうとすると無情にもドアはぎりぎりで閉まってしまい、それをあわてて押し開こうとする自分の姿があるのではないだろうか。その間わずかほんの数秒の出来事である。

こんなことは日常茶飯事で当たり前だと思われる方も多いかもしれない。たかだかドアの開け閉めと思われるかもしれない。ところがこの開け閉めというささいな行為も見方を変えれば、人と人とのコミュニケーションとも見ることができる。

アメリカにいた頃、このドアのコミュニケーションで驚いたことがある。どこのドアの進入に際しても、必ず前の人が通過した後にドアを止めて私が手をかけるまで待っていてくれるのである。いわゆるドアのウェイティングである。中には小学生くらいの小さな女の子が先に入ってドアを手に止めて待っていてくれた時は、感激すらしたこともある。ただウェイティングしているだけではなく、後ろを振り向いて微笑んでいるのである。

日常の人と人との単なる流れも、ここでは快適なコミュニケーションに転じる。人と人とが一瞬にふれあう流れの中でも、心の余裕が快と不快の分かれ道になるのかもしれない。

解説　異文化コミュニケーション〈思いやりのコミュニケーション〉

日本人が欧米に行ってまず驚かされるのが、アイコンタクトとこのドアのウェイティング行為であるといわれる。アイコンタクトでは、日本では「眼をつける」という表現に代表されるように、プレッシャーを感じることが多い。それに対して、アメリカを代表とする欧米では人と視線が合うと、にっこりと微笑して返してくれる。同様にデパートなどの入り口の開け方や閉め方も、日本では自分だけが入るスペースを考えて、開け閉めする。そこでは、続く人への思いやりなどほとんど感じられないくらいに、自分が通過したら、後ろに続く人のことなどおかまいなしである。

これらは、公共の場での対パーソナルな非言語コミュニケーションである。競争社会のわが国では自己主体になりがちで、多民族国家のアメリカでは、他者との摩擦を防ぐコミュニケーションが発達してきたとよくいわれるが、基本的にはそれぞれの文化がもつ規範に基づくものである。まだまだわが国では、他者への思いやりのコミュニケーションが少ないように見受けられる。

77 エレベーターのせかせかボタン押し

あなたはエレベーターに乗った時、急いで閉めたりしたことはないですか？　なかには一目散に目的の階のボタンを押してすぐに閉めようとする人や、止まる階ごとにせわしく閉める人がめだつ。海外に行くと必ずといっていいくらいにいわれるのが、「なぜ日本人はエレベーターのドアを早く閉めようとするのか？」ということである。例えばハワイのようなバカンス地でも、東京にいる時と同じように、せかせかと閉めようとする姿がめだつ。せっかくバカンスに来ているのにもう少しゆったりできないのかしら、というのが現地の人たちの意見である。

ホノルルでの体験である。エレベーターの中でフロント階に着いてドアが開くと、アメリカ人の五、六歳くらいの男の子がワーッと外へ飛び出そうとしたところ、お父さんが怖い顔をして戻りなさいと指摘した。そして同乗していた女性の方に先に出るように勧めてくれた。そして気がつくと、その間例の坊やはにこにこしながら背伸びして開きボタンを押し続けているのである。いわゆるレディファーストである。ほほえましい光景だった。

せかせかと時間の効率性だけを考えて開け閉めしている日本人にとって、同乗した人たちの気持ちを考える余裕には学ぶべき点が多い。効率性よりも人とのコミュニケーションの優先という姿勢である。海外では人と人とが接する場面に出くわすたびに、コミュニケーションの基本を教えられる。

解説　異文化コミュニケーション〈沈黙の言葉〉

海外に行ってまず気づくのが、このエレベーター内の空間行動の違いである。欧米では中に入るとすでに乗っている人が、まずにっこりとしたアイコンタクトをしてくる。一方私たち日本人はせかせかとボタンを押したきり、シーンとひたすら沈黙を守る。文化人類学者で異文化コミュニケーション研究の先駆者の一人でもあるE・T・ホールは、これら沈黙という一種のノンバーバルなコミュニケーションは、言語同様に文化やそこでの規範によって大きく意味が異なることを指摘した。文化によって、時空間の行動は異なって規定される、いわゆる沈黙の言語である。

エレベーター内を小集団と見なすと、そこでの集合行動は規範創出説での視点が有効であろう。これはここでの行動は、人からの感染とか心理的収斂性といった心理的作用ではなく、特定の状況（エレベーター内）にふさわしい社会規範が創出されて、それに適合した行為が容認されるようになるという考え方である。感情的要因というよりも、認知的レベルでの考え方である。他者に迷惑をかけずに静かに到着階を待つという、わが国の集団行動特有の規範が発生するためかもしれない。

78 気配りはおもてなし

訪日観光客は、年々増加し二〇一八年には三千万人を超えた。来日した外国人が一様に驚き感銘するのが、日本的な〝おもてなし〟であろう。飛行場に着くと、キャビンアテンダントやスタッフが一斉に並んでにこやかにお辞儀をして迎えてくれる。これは旅先で旅館に着くと、女将をはじめスタッフが一列になって到着を歓迎し、一斉にお辞儀をしてもてなしてくれるのと同じである。それに日本特有の敬語の柔らかで優しい表現とお辞儀などが相まって、一段と日本的なテイストを強めてくれる。

気配りを伴うこれらのコミュニケーションは、まず初めに「相手」ありきである。相手の気持ちや行動をまず配慮して、それにふさわしい自分の行動や言動を行うのである。その意味では、欧米的な主体的なコミュニケーションというよりは、相手の立場や気持ちに気配りして行動する、受け身的なコミュニケーションともいえよう。

これらの日常的に多くみられる気配りや思いやりは、日本的な「おもてなし」を形作っている。特定シーンでの「おもてなし」に対して、具体的なマニュアルが決まっているわけではなく、状況や相手の立場によってＴＰＯ的に変化する。それでも原点は、自分よりも常に相手の目線であるところに、今日多くの外国人に受け入れられる日本的コミュニケーションのもつ心地よさが感じられるのかもしれない。

解説　高文脈文化の中のホスピタリティである〝おもてなし〟……………………………

外国から日本を訪問した人たちが最も「おもてなし」を感じるのは、空港に降り立った時、買い物で立ち寄ったショップやコンビニ、レストランやホテルなどで受ける接客態度やサービスだろう。日本的コミュニケーションの本質ともいえるこの〝おもてなし〟を一言で説明するのは難しい。その語源からわかるように、本来はお客を取り扱うことや食事や茶菓のごちそうを受けることなどであるが、近年わが国を代表するイメージとなっている。外国からみた場合、この〝おもてなし〟に感覚的に最も近いのが、ホスピタリティ（hospitality）といわれる。相手に対する気遣いをもって楽しんでもらう、という考え方はほぼこれに近いものといえる。最終的にすべてのお客や相手に対して「最高のおもてなし」を施すという精神は、わが国の場合は、歴史的には茶道に由来していると考えられる。千利休の一期一会の考え方は、出会う人と二度と会う機会がないかもしれない一度きりととらえ、今できる最高のおもてなしを施す、という覚悟で接するものである。

あたたかで優しいホスピタリティ的なコミュニケーションである〝おもてなし〟の背景には、このような日本人独特の覚悟が埋め込まれているのかもしれない。少なくとも、これと類似する概念であるサービスとは、相手に対価を求めないという意味では大きく異なるコミュニケーションである。

さらに日本的なおもてなしが、外国からみた場合に印象的な理由として、「高文脈文化」として位置づけられるわが国特有のコミュニケーション環境がある。これは言語やメッセージが重視される欧米型の「低文脈文化」に対して、対人関係性やコンテクスト（文脈）、メタ言語（非言語的なコミュニケーション）を重視する「高文脈文化」に帰属するものである。日本的な〝おもてなし〟とは、お辞儀や優しくゆったりとした動作や丁寧な言葉遣いなどが醸し出す高文脈文化的なテイストにより、エキゾチックで独特なホスピタリティと映るのかもしれない。

79

美しい所作——外国人からみた日本人

外国人からみると、自分に向かって深々と頭を下げるお辞儀は、思わずこちらも腰を曲げてしまうのを誘われる、独特で優しさの伝わる心地よいもののようだ。日本に来ると、まずこの〝挨拶〟という洗礼を受けることになる。あるいはまた、京都のおばんざい屋で食事を済ませ外に出ると、女将がお客が路地から見えなくなるまで深々とお辞儀したり、手を振ってくれる姿に、日本ならではのエキゾチックな情緒を感じる。このような離れゆく者に送る礼儀は、お客の乗ったクルマや電車などの乗り物が見えなくなるまで、手を振るといったシーンと同じコミュニケーションともいえよう。

わが国では日常的に頻繁に行われているお辞儀は、相手への敬意を表す大切なコミュニケーションである。このごく当たり前な行為が、外国人にとっては極めて日本的で美しく優しさを伝える所作と映るようである。

ほかにも道ばたで行き先を尋ねられると、手振り身振りで一生懸命教えてくれる姿も、日本人のもつ親切心を感じさせる。ネットには日本でごく日常的に見られるこれらのさまざまな〝所作の美しさ〟について賞賛する動画やブログがよく見られる。話をしている時に口もとに手を上品に当ててほほえむしぐさ、箸を優雅に使って料理を食べる動作、着物姿の女性が小股でゆったりと歩く姿、背筋が伸びてキチンとした正座など、私たちにはありふれているごく日常的な所作が、新鮮なものとして映るようである。

これらの特に日本の多くの女性に見られる所作は、外国人にとっては、親切心や優しさに裏打ちされた日本的なコミュニケーションとして注目され、高く賞賛されている。

解説　メタ言語のもつ内的自己と外的自己との一致度…………………

化粧品メーカーのポーラが行った「きれいな女性とは」という問いかけ（ポーラ文化研究所、二〇〇七）に対して、トップは「きちんとしたマナー」（七三％）、二位は「清潔感がある」（六八・六％）、三位は「姿勢がよい」、四位は「しぐさや立ち振る舞いがきれい」（六一％）、五位は「言葉遣いがよい」（五八・五％）であった。これらは主に内面に関わりが深いイメージである。一般にきれいなという言葉から連想される外見に関する回答の比率は、内面のそれよりも低く、「顔のつくり（目鼻立ち）がきれい」（二一・八％）にすぎなかった。回答者は二〇〜五九歳の女性である。いわば女性自身がイメージするきれいな女性像に対する意識調査である。

これらをみると、日本人女性の考える内的美あるいはそこから醸し出される美が、重要な意味をもつことがわかる。きちんとしたマナー、姿勢の良さ、しぐさや立ち振る舞いの美しさといった内的な美意識から生まれるこれらのものは、いわわる言語以外の周辺言語ともいうべきメタ言語である。

これらの日常的な所作であるメタ言語と柔らかく優しい音感の敬語表現とが相まって、一段と日本的な優しさやエキゾチックさを感じさせる所作を創り出している。そして注目すべき点は、日本女性のもつこれら美しい所作であるメタ言語の意識と、外国人からみたそれとが一致している点である。つまり日本女性の内的自己と外的自己とが一致しているのである。とかく違いが注目される異文化コミュニケーションにおいては、その相違点が誤解を生み出すケースが多いが、この〝所作の美しさ〟という相違点については、魅力的で日本文化理解の一助になっているようだ。

80

敬語コミュニケーション

日本ではごく当たりまえである食事の時の「いただきます」や「ごちそうさま」。出かける時の「いってらっしゃい」「気をつけてね」。帰ってきた時の「お帰りなさい」と、これらの日常的な挨拶は、日本語特有の敬語とも相まって、食べ物を提供する生命や、相手に対する気配りや思いやりが込められた慣用的なコミュニケーションである。これにメタ言語である挨拶や笑顔などが加わると、初めて日本的なこれらの挨拶に出会った外国人は、その優しい響きや気配りに感動するようだ。

もっとも、その丁寧な表現は、時によっては「粗末なものですが……」とか、「出来の悪い息子ですが……」といった極端な謙譲的表現になり、日本語を学ぶ外国人にとってはなかなか理解しがたい表現となる場合もある。せっかく料理を勧めるのに、「まずいものだから」と言う。あるいは自分の子どもを人前でけなすというような文脈にとられてしまう可能性がある微妙な表現である。

また最近では、アルバイトする学生が一般的になったこともあり、いわゆる亜流であるバイト敬語なるものも登場して、さかんに使われるようになった。「ご注文はよろしかったでしょうか」「お連れ様がお待ちしております」「ご予約のお客様が参りました」「メニューをご覧になられますか」といったように、一見丁寧な正しく思える表現のようにみえるが、尊敬語と謙譲語の混同、二重敬語などの典型的な誤用である。

先の**79**で述べた「きれいな女性とは」という問いかけに対して、五位に「言葉遣いがよい」(五八・五%)があげられている。多くの女性たちが考える美しい理想の女性とは、敬語を自在に使える上品な女性をイメージしていることがわかる。日本的なイメージの核心ともいうべき「おもてなし」を醸し出す優しさや美しい所作に加えて、このゆったりと美しく話す敬語も欠かせないものであろう。

解説　敬語コミュニケーション

敬語は相手を立てる尊敬語、自身を低くすることによる謙譲語、そして何事も丁寧に表現する丁寧語の三分類が長い間基本であった。近年敬語の分類は、文化庁の指針にあるように、五分類へと変化してきている。謙譲語が二つに分かれて、話題に登場する人物を低めることによって相手を立てて敬意を表する従来からの謙譲語Ⅰ、それと同じく話題に登場する人物を低めることにより、聞き手に敬意を表する場合の謙譲語Ⅱ。「申す」「まいる」「おる」などである。また丁寧語も二つに分かれて、従来からの話し手の丁寧な気持ちを直接表現する「～です」「～ます」「～ございます」のように、何事も丁寧に表現する丁寧語と、さらにモノなどに「お」や「ご」をつけて、「お酒」「お料理」「ご祝儀」といった表現の美しさや上品さを示す美化語が新たに加えられた（文化庁、二〇〇七）。

さらにこのほか巷では、形ばかりで過剰な表現になりがちなマニュアル敬語や、バイトの時に使用するバイト敬語など、さまざまな亜流が生まれている。しかしながらこれらの亜流も、世間一般で広く利用されるようになって、敬語と見なされるようになってくるものもあり、今回の新たに付け加えられた美化語などがその一例である。外国人から日本的テイストの象徴とも見なされる〝おもてなし〟は、お辞儀や日本的所作などと同時に、優しくたおやかに発せられる敬語コミュニケーションが核となっている。その敬語自体も実は、文化の発展とともに少しずつ変動して、変化してきているのである。

81

コミック、アニメに憧れる外国人

大学に来ている留学生に日本に留学した動機を尋ねると、「日本のアニメや漫画に憧れている」とか「現地で放映されていたアニメを通して、日本に興味をもった」という回答が多く聞かれる。わが国で製作されたアニメは、放送用コンテンツとしてあるいは単行本として、世界に広がっている。「ポケモン」や「ドラえもん」「ちびまる子ちゃん」といった長く親しまれてきたものから、近年では発行部数が世界で三億部を突破（二〇一五年にギネス世界記録に登録される）した「ワンピース」など、広く海外からも人気のコミックが登場している。年々増加する訪日観光客数が三千万人に達する時代を迎えて、わが国のコミックやアニメに関心をもつ外国人も増大すると見込まれる。年間一〇〇万人近くが訪れるアニメやコミックの聖地巡礼は、アニメやコミックの物語の舞台となった地方や町などを訪問するもので、もともと日本人の熱心なファン層が行っていたものだが、最近では外国人の姿もよく見受けられるようになってきた。好きな作品のファンにとっては、現実世界にもアニメやコミックが創り出す世界をオーバーラップさせることに、より喜びや楽しみを感じるのだろう。二〇一〇年に経済産業省が「クール・ジャパン海外戦略室」を設置し、アニメ、コミックなどのサブカルチャーも、クールジャパン戦略の一環として、世界に発信される機会が増え、外国人も目にする機会が増えてきた。

コミックやアニメは、子どもが読むものと考える外国人にとって、大の大人が電車内や公共の場で堂々とそれらを読む姿に驚いた時代もあった。昨今はコミック本を読むスタイルから、スマホでネット漫画を見る時代に大きく変わってきている。電車内でスマホを見ている人たちのコミックやゲームに興じている姿が、今では当たり前の風景になっており、中には訪日外国人も同じようにスマホでコミックを見ているシーンすらよく見られる。

解説　文脈を読み取る独自の漫画的コミュニケーション

日本でコミックやアニメが熱心に支持されている大きな理由に、そのメディアとしての独自性がある。子ども向けの漫画から、青少年や大人向けのギャグ漫画、スポーツ漫画、ファンタジー・SF漫画など、さまざまなジャンルにわたる。中には大人向けの歴史書やマーケティング本などにも、漫画が活用されている。日本の漫画の特徴としては、その自由度の高さと記号性の高さがあげられる。右から左へ読む独自のルール、コマ割り、吹き出し、ディフォルメされた人物描写など、読み手には暗黙の了解ルールが存在している。そしてコマの連続性から生まれる文脈を読み取るのである。漫画というメディアは、絵と文字が同時に与えられて両者を関連づけて読む必要がある。いわば認知心理学のいう「関係枠の認知行為」が行われるのである。

文字情報がメインとなる書籍に対して、漫画は絵の比率が文字の比率よりも明らかに大きい。最低限の読み方の暗黙のルールを踏まえれば、後は読み手である個人の解釈の自由度はかなり大きい。つまり日本の漫画には、自らの立ち位置や気持ちを投影することも可能なほど、その解釈の自由度は大きい。そこでは登場人物の関係性についての認知や解釈の自由度が高くなり、読み手の独自の解釈に至る自己表現にもつながることになる。このような自由度の大きさは、外国人にとっても、比較的入りやすくて身近なメディアになりやすい。日本国内のみならず、今では海外から日本文化の重要なサブカルチャーと目される存在として、コミック、アニメの文化は重要な役割を果たしている。

82 アフォーダンスと異文化コミュニケーション

異文化コミュニケーションという言葉を聞くと、誰しも外国人とのコミュニケーションや異国の文化間のコミュニケーションと思うだろう。狭義の定義では、そのような見方は妥当である。しかしながら現実には、身近なところで数多くの異文化間のコミュニケーションが行われていることに気づく。

例えばおじいちゃんと中学生の孫が話をする時、「ダンス」という言葉をそれぞれ異なる意味で解釈していることが多い。おじいちゃんは社交ダンスの意味で、孫はヒップホップやロッキンといったストリートダンスのことと思うかもしれない。二人の間に同じ単語を使っても、正確な意味の再現は難しい。同様のことは、例えば男女間において、それぞれが考える「男らしさ」や「女らしさ」についても、ニュアンスが異なることが多い。また教師と生徒間においては、ため語で話すことはなく、教師から生徒に発せられる言葉の重さは一段と大きくなりやすい。

このように同じ日本という大きなトータルな文化圏内にいながら、私たちは帰属する社会集団やサブカルチャーによって、異なる文化を同時に形成しており、その中でさまざまなコミュニケーションが展開される。ちょっと考えてみただけでも世代間、男女間、親子間、教師と生徒の間、医師と患者の間などのコミュニケーションは、おかれている立場の価値観やサブカルチャーの違いにより、大きな落差が発生しやすいことに気づくだろう。もともと異文化コミュニケーションは、異なる国の間や異なる国の人とのコミュニケーションに注目したのが始まりであり、コミュニケーション論からみた場合に、送り手と受け手の間に大きな落差が生まれやすい特異なコミュニケーションともいえる。解釈や意味のギャップが大きいほど、誤解や争いが生まれやすいのも見逃せない側面である。

解説　アフォーダンスと異文化コミュニケーション

広義の異文化コミュニケーションの定義では、単に外国文化や外国人とのコミュニケーションのみならず、多文化ダイアグラムの中での異なるカルチャー間でのコミュニケーションも含まれる。コミュニケーション論の第一人者で、身体距離やボディランゲージの概念を唱えた文化人類学者のE・T・ホールによると、「文化はコミュニケーションであり、コミュニケーションは文化である」と唱え、両者の密接な関係を提示した。すなわちコミュニケーションとは、それぞれが帰属するサブカルチャーやそこでの価値観と切り離すことができない表裏一体の関係にあるという。個々の属する社会集団やサブカルチャーにより、固有の価値観や文化が育まれ、それぞれの異なる立ち位置によって、コミュニケーションの解釈に大きなギャップが発生し、誤解や争いが生まれやすい。

これらを解決し理解する一つの有力な方法論が、アフォーダンスである。もともとアフォーダンスは、環境が人々に与える〝意味〟であるが、そこから発せられる信号や情報、イメージ等の認知や解釈は、それを見る人の立ち位置によって大きく変化する。通常のコミュニケーションのように平面的で水平的なやりとりではなく、それぞれ異なる立ち位置からの認知となる相対的視点の見方である。落差の大きい異文化間のコミュニケーションから生まれる誤解や争いに対処するための異文化コミュニケーション・コンピテンスを身につけるためには、対象となるサブカルチャーのもつ価値観や規範を知り理解することにより、アフォーダンスによる相対的視点でのコミュニケーションが可能となるだろう。

83

患者のコミュニケーション

風邪が長引いたり原因不明の腹痛が起きたりしたなどの時に、私たちは近くのホームドクターの診療所に駆けつける。待合室で診察まで長く待たされていると、だんだん不安が大きくなってくる。自分の番が回ってきて、診察室でドクターと向かい合わせに座り、いろいろと問診される。私たちはドクターの言葉や反応、態度にとても敏感になっていることに気づく。診察時にドクターがレントゲン写真やCTの画像をじっと読影している間の時間は、とても長く感じられる。「う〜ん、この影は少し怪しいですね」とか「少し気になりますね」などと言われると、かなりショックで不安はピークに達する。でもそれから別の角度から撮った映像を何枚も見て、「あっ、問題ないようです」と言われた瞬間は、天にも昇る安堵感がこみ上げてくる。このように、医療現場でのコミュニケーションは、日常交わされる一般的なコミュニケーションとは異なり、私たち患者側とドクター側との間に、大きなギャップが存在している。つまり患者側からみた場合、不安や心配を前提としているコミュニケーションであるところに、大きな特徴がある。

医師をはじめ看護師や理学療法士など病院スタッフが、患者に対して発する言葉や態度、表情といったさまざまなコミュニケーションは、日常の対等なレベルでのコミュニケーションとは大きく異なり、その影響力も大きい。近年ではこのような視点から、医療現場における患者とのコミュニケーションの重要性が注目されている。

解説　異なる価値や立場のコミュニケーション：ヘルス・コミュニケーション……………………

厚生労働省の発表（二〇〇四）によると、患者が医療現場で不安を感じるのは「医療者と十分なコミュニケーションがとれない時」であり、回答のトップの六〇・一％となっている。このような高い数値が出てくる理由としては、やはり医療についての知識があまりない患者側と、医療の専門家側とのコミュニケーションであるという、情報知識の量と質に差があること。また患者側が精神的に不安な状態の立場からのコミュニケーションであるのに対して、医療側は職業としての医療活動に従事しており、深刻な症例でも一回性というよりは反復して行うケースが多い。そこに情報の意味や重さに対して、大きなコミュニケーションギャップが生まれやすい。このような関係性の中で、近年医療現場におけるコミュニケーション能力の重要性が叫ばれるようになってきた。健康な一般人とは一時的に異なる患者と、職業として医療活動に関わる医療スタッフとの間のコミュニケーションは、見方を変えれば、そこでの大きな落差のある価値観や心理状態などから、広義の意味での〝異文化〟コミュニケーションの一種と考えられる。

治療を行う側と患者側との間にギャップが起きやすい大きな理由として、医学研究の成果や病気の内容が、一般市民にわかりやすく正確に伝えにくいという面がある。また患者側の権利意識の高まりなどの社会的風潮もあり、医療・公衆衛生の分野では、コミュニケーションが重要な課題として認識されるようになってきた。わが国では、これらは、医療コミュニケーション、看護コミュニケーション、医学コミュニケーションなどと呼ばれ、英語圏でのヘルスコミュニケーション（Health Communication）という名称をもとに学会が設立されたり（日本ヘルスコミュニケーション学会）、研究が行われている。

84

医療サイドのコミュニケーション

病気にかかりあるいは体調が悪くて病院に行った時、診察室でドクターが紋切り型の問診ばかりだったり、早く終わらせようと次の患者のカルテなど見始めたりすると、思わずがっかりしてしまう。患者は医師に高い期待を抱いて、病気の症状を知ろうとしたり、一刻も早く治したいという気持ちが強い。医師側から発せられるあらゆるコミュニケーション——言語であろうと表情や態度といった非言語コミュニケーションであろうと——に対して患者である私たちは、集中してそれらを理解しようとする。

医療現場でのコミュニケーションを、通常のコミュニケーションと比較してみると、圧倒的に患者サイドからの視点になっており、医療側からの視点はあまり触れられないことに気づく。でも医療側である医師や看護師といえど同じ人間であり、朝から夕方まで一日中、多くの患者さんに接してケアすることは大きな負担であり、そこでの望ましいコミュニケーションも必ずしも患者の期待通りにいかないケースもままあるだろう。それでもこの医療サイドからの正確で的確なコミュニケーションが求められることはいうまでもない。二〇一〇年の「看護教育の内容と方法に関する検討会報告書」の中では、医療に従事する者のコミュニケーション能力の重要性が説かれている（厚生労働省、二〇一〇）。診療所や病院に行って、優しくわかりやすく症状を説明していただける医師や看護師に接するととても安心できる。医療現場ほど、私たちにとってコミュニケーションの重要性を改めて認識させられるところはないだろう。

医療の現場では、コミュニケーションはどのようにとらえられているのだろうか。医療側から見た場合、そこでのコミュニケーションは、患者のケアのためのコミュニケーションと、医療スタッフ連携のためのコミュニケーションの二つに大きく分かれる。この医療スタッフは、医師、看護師、薬剤師、理学療法士、栄養士、ソーシャルワーカー等多くの職種から成り、一体となって患者のケアにあたるために多くの専門的なコミュニケーションがやりとりされる。ここでは主として横に流れるコミュニケーションとなる。患者と医療者とのコミュニケーションが、主に上下関係や専門家と素人間という縦のコミュニケーションの流れである点と大きく異なっている。つまり縦と横の二通りのコミュニケーションが存在していることになる。

医療サイドのコミュニケーションの特徴は、生命に関わるとても重要なものであること。それゆえ言葉一つひとつ、表情や立ち位置などのノンバーバルコミュニケーションが、患者に与える影響を考えて、慎重に選ばざるをえない。また医療現場では、患者側は情緒的にも心理的にもマイナスの状況下にあり、健康な時の日常とは異なる非日常の世界にいるということ。医療が生業であり日常である医療サイドの職種の人たちにとっては、患者側の非日常にある状態とそのギャップを理解した上でのコミュニケーションが必要となってくる。コミュニケーションが重要なものとして位置づけられる医療的コミュニケーションの方法論として、例えば「アナムーゼ聴取」というものがある。初診で病院にかかった時に書かされる個人情報に加えて、現在の症状、既往歴や家族歴、アルコールや喫煙経験などの聴取である。また積極的傾聴と呼ばれるひたすら患者の話を聞いて、正確な主訴や症状理解を進めるなどさまざまなものがある。

85

子犬と戯れる患者たち

介護施設や老人ホーム、あるいは一般の病院などで、犬や猫といった小動物と戯れるご老人や患者の姿を見かけた方がいらっしゃるかもしれない。なんで介護施設や病院に動物がいるのだろうと、最初は少しビックリすることもある。なにしろ、わが国では犬や猫を連れてショップに入ったり、ホテルなどに入ることは御法度だからであり、まして病院や介護施設である。さらにその犬と接しているご老人たちは、頭をなでたり膝に乗せたりして、うれしそうな表情をしたり、まるで赤ちゃんに話すかのように優しく語りかけている。いつもの病院や介護施設といった医療機関での空気とは明らかに異なる、明るい雰囲気が生まれていることに気づく。そしてよく見ていると、犬の側にいる訓練士の方が時々犬の動きをサポートしながら、患者さんやご老人と明るくあれこれと話をしている。これらの動物を介して、コミュニケーションが弾んでいるのである。そして頭をなでながら、「男の子なの? 女の子なの?」「名前は?」「何歳?」などと、ふだんは介護施設でほとんど無表情で無口なご老人が、その犬について訓練士の方に矢継ぎ早に質問したり、名前がわかると「ジョン、ジョンちゃん」と満面笑顔で呼びかけたりしている。ちょうど、赤ちゃんに向かって名前を呼んだり、かわいいほっぺを軽くつつくのと同じような感覚で接しているのがわかる。

アニマルセラピーと呼ばれる、犬や猫などの小動物を使った病院や施設の入所者とペットがふれあうことによって、患者に新たな意欲や前向きの気持ちをもたせるコミュニケーション活動である。

解説　アニマルセラピーのコミュニケーション

人と動物とのコミュニケーションは、人対人とのそれと大きく異なる。動物本来のもつ尻尾を振る、体を擦り擦りする、かわいらしく膝の上に乗ってくるといったようなノンバーバルなコミュニケーションは、ふれるとモコモコする毛並みや柔らかいボディの感触とともに、「癒やし」や「温かみ」を感じさせる独特のものである。

この独特の癒やしや温かみを伴うコミュニケーションを医療に活用したのが、アニマルセラピーである。古代よりヨーロッパでは、馬を用いて治療活動にあてたホースセラピーなどが知られている。一般的には、医療的治療を目的とする動物介在療法と、ペットとふれあう活動や教育などの動物介在活動の二つがあり、わが国では後者を指す場合が多い。例えば終末期のガン患者のターミナルケアにおいて実施されたドッグセラピーによると、とかく孤立しやすい患者の状況の中、苦痛からの解放、ゆとりの創出、生きていることとの実感という終末期の患者に希望と前向きな姿勢を生み出すことが報告されている。また小動物と接することによって、死亡リスクが三一％減少するという事例もあり、その理由として、幸せホルモンとして知られているオキシトシンの分泌が小動物とのふれあいによって促進されると述べられている。つまり医療や介護の現場において、コミュニケーションがマンネリ化して単純化しやすい入所者にとっては、これら小動物とのコミュニケーションは、「幸福感」を与えてくれる意味あるコミュニケーション活動になっていることがわかる。

86

ペットがもたらす話題性

列をなしてずらりと座り、ひたすら押し黙ったまま。走り抜ける周りの喧噪(けんそう)とは裏腹に、シーンとした静かな車内。そう、新幹線の車中の光景である。現代社会では、席が隣り合わせの見知らぬ人とコミュニケーションをとることは、まずみられない。たまに年配の上品な女性などが隣になると「失礼します」と挨拶されるが、せいぜいそこまでである。東京と京都を月に何度も往復する身にとって、コミュニケーションレスな車内は当たり前になっていた。

ところが、ある日思わぬことからコミュニケーションが生まれたのにはびっくり。京都のペットショップで見つけたかわいい子猫を東京まで運ぶことになり、大きな猫用のカゴに入れて新幹線のホームへ。ホームに着くやいなや、お年寄りから若い女性、子ども連れの親子まで寄ってきて、「まー、かわいい子猫ちゃん！」の歓声。車内でも、子猫が鳴くたびに、子どもたちや親子連れが寄ってきてカゴの中の子猫をのぞいては、ひとしきり猫談義で盛り上がる。

おかげで気がついてみたら、全く見知らぬ人たち十数人とコミュニケーションをとることができた。子猫という無条件にかわいい存在が、周りの人たちに共通の話題を提供したわけである。子猫にかぎらず、子犬、幼児といった愛くるしい存在の魅力は、さまざまなメディアに頻繁に登場することからもわかるように、私たち受け手の関心度や注目度を高めやすい。あるＣＭで子犬が大ブレイクしたように、時には大きな話題性まで生むことはまだ記憶に新しい。ところで子猫ちゃんも、きちんと料金を払って乗車することは知っていますか？

解説　かわいいという感覚価値

人はモノを見て、きれいとかかわいいとか感じたり、感動したりする。花見の桜を見て酒を飲みながら上機嫌になったり、あるいは逆に暗闇での異音には驚いて身を引いたりする。これらは質感を伴う感覚価値と呼ばれる（モノ学・感覚価値研究会ホームページより）。ここでのエピソードのように、子猫や生まれたばかりの赤ちゃんや動物などは、誰しもが認めるかわいい存在である。近年諸外国で注目されている、わが国のアニメやコスプレファッションなどから派生した「かわいい現象」は、若年層には大きな人気があっても、必ずしもあらゆる層から支持されているとはいいがたい。

多くの人から「かわいい」という感覚価値を伴う対象は、小さな生き物や幼児、そしてそれら幼児的現象とリンクするモノが多い。面識のない人とのコミュニケーションのきっかけは容易なものではないが、挨拶や会釈などのほかにこのような共通に認知された「かわいい」対象がきっかけになりやすい。「あらー、かわいい赤ちゃん！」的第一声である。

87 目を閉じるサイン

興味があるものに対すると目が輝く、と前に書いたことをご記憶でしょうか？　人や動物の目は光量に応じて物理的に反応すると思われていたのが、関心や興味のあるものにも瞳孔が開くという。この発見が心理学者によってなされてから、実はまだ日が浅い。

私が以前飼っていた愛猫ベンちゃんもその典型で、名前を呼ぶとしっぽを振りながら、大きく瞳孔を開いてとてもかわいらしい丸く大きな目で寄ってきたものである。ところが三代目の愛猫であるルークことルーちゃんは、いくら名前を呼んでも目が丸くなって開くどころか、全く瞳の大きさは変わらない。それどころかしまいには目を閉じてしまう。これには飼い主もびっくり。私に興味がないのか、はたまた何事にも関心のない猫なのか、とルーちゃんが来たばかりの頃は思案させられたものである。

一年も一緒に住んでみて、ある日、意外なことを発見する。それはこの猫はなぜか私が名前を呼ぶと、そっと目を閉じて反応するのである。「ルーちゃん！」と呼ぶと、彼は反応して静かに目を閉じる。そして、昼寝から目ざめたかのように、また普通に目を開けるのである。つまり目を閉じることは、この猫にとっては相手を無視するポーズではなく、実は好意の反応であることが判明したのである。

興味のあるものに対すると、交感神経が刺激されてホルモンが分泌して瞳孔が開くという医学的な定説があるが、個体によっては全く違う反応となって表れることを、この子猫ちゃんは教えてくれたわけである。名前を呼ぶと、うつろ気に眠たそうにまぶたを閉じる人が周りにいたら、あなたの声に安らぎを感じているのかもしれませんよ。

解説　個体によるさまざまな反応

瞳孔反応は光学的な物理的反応に対して、興味関心あるものには瞳孔が開くということを前に述べた（37 輝く彼女の目）。しかしここでの飼い猫の反応は、全く異なる反応である。交感神経が刺激されて、まぶたを閉じるとは考えにくい。むしろ飼い犬などが、餌を与える飼い主にしっぽを振って喜んでいる様に近いものと考えられる。

このように、飼い主がかわいがっている飼い猫の名前を呼ぶと、目をまん丸く開いて反応するという見方は、すべての個体に当てはまるものではない。瞳孔反応を基準に期待していたここでの筆者の態度は、一種の先入態度あるいは先入観で見ていたともいえる。いわばペットにおける対人魅力の研究のようなもので、個々に異なる反応を示す個体差があるということを忘れてはならない。

88

魅力的表現のメタファー

よく私たちは、美しい景色を見ると思わず「心が洗われるようだ」という表現をとることがある。カナダ旅行で世界の絶景の一つに数えられている「モレーン湖」に行った時、その筆舌に尽くしがたい美しさに、同行した知人たちはそれぞれ「心が洗われるくらいに美しい」とか「まるで神々がいるみたいに信じられない」とか「青い絵の具を落としたみたいにきれい」などと表現していた。でもみんなで一致した表現は、「まるで絵葉書みたいにきれいだ」という表現だった。

これらの「心が洗われるようだ」「神々がいるみたい」「青い絵の具を落としたみたい」「まるで絵葉書みたいだ」といった表現は、メタファーと呼ばれるものである。

心は洗えないし、神々の存在は証明できない、湖の色は絵の具ではない、湖の光景は絵葉書でもない。そんなことは当たり前だが、それでもこれらの表現を使うところに、ただ美しい、感動したと述べるよりも、より的確に表現できるのがこの手法である。そしてこれらを語る時、「心を洗われるくらい美しかった」と言われると、聞き手にはとても印象深く伝わってくるから不思議である。

私たちの日常の言葉を注意深く聞いていると、いつも使っている表現に実に多くのメタファーが用いられていることに気づくだろう。

解説　コミュニケーション技法としてのメタファー…………………………

メタファーほど日常的に使われているコミュニケーション技法は珍しいだろう。「親父は石頭だ」「梅干し婆さん」「太陽のように明るい女性」と人を形容したり、モノに対しても「課題の山」「メロンパン（メロンのようなパン）」あるいは「ガラスの心」「人生は旅だ」など抽象的なことまで表現できるほど枚挙にいとまがない。メタファーは、もともとは思考や思想、感情を効果的に伝える手法である修辞学の中の比喩法の一つである。その起源は、古代ギリシャ時代まで遡るといわれている。

大きく比喩の範疇に入るメタファーは隠喩と呼ばれ、同じく比喩の仲間であるシミリー（直喩）とよく似ていて比較される。比喩法は、①例える事柄、②例えられる事柄、③例える行為の三要素から成り立つ。「あの人は猿のように身軽だ」という比喩の場合に、①は〝あの人〟であり、②は〝猿〟で、③は〝身軽だ〟ということになる。このように三要素すべてがそろっているのが、シミリー（直喩）である。これを「あの人は猿だ」と言えば、三要素の内の二要素しかない。これがメタファー（隠喩）である。つまりこの場合、③の行為が明示されていない。それゆえ話の受け手が、その隠された意図を想像する必要がでてくる。この場合、彼の特徴のどの部分が、猿の典型的な特徴の何に相当しているかが、両者の間に理解できるような共通の基盤が前提となっている。彼の身軽な行動が、猿が本来もつ身軽な動きと、共通性があると判断される土壌が存在してはじめて、このメタファーの意味が通じることになる。つまりメタファーは、シミリーのように明示的な伝えたいポイントの部分を隠すことにより、理解した時にそのインパクトが大きくなる特徴がある。わかった時のおもしろさ、新鮮さ、意外性、新奇性などであり、これがメタファー的コミュニケーションの大きな特徴でもある。メタファー法を使うには、二つの事象の間に共通する、類似する特性を見つけるセンスが必要である。うまく使えば、複雑な思考や未知の仕組みなどを、わかりやすく伝えることが可能となる重要なコミュニケーション技法である。

89

人工知能はメタファー？——メタファーのコミュニケーション効果

ＡＩが登場してまだ日が浅いにもかかわらず、この新たなテクノロジーは将来の私たちの生活を大きく変えてしまうかもしれない。このよく使われるＡＩという言葉は、Artificial Intelligence の略だが、日本語訳は「人工知能」と呼ばれる。この「人工知能」という表現は、実は私たちが日常で頻繁に用いているメタファー的コミュニケーションであることに気づく人は少ないだろう。メタファーとコミュニケーションには密接な関係がある。国語の時間に「人生は旅だ」という表現がメタファーであると教わった人は多いだろう。比喩とも呼ばれるこの表現は、何かのコンセプトを伝える際に、別の異なるジャンルから引いてきた例えを使って伝えるものである。この場合の解釈例としては、人生で遭遇する喜怒哀楽のさまざまな体験を、旅を通して出会う同様の体験に例えて表現している。いうまでもなく、両者の間には共通の特性や関係性があることが条件となる。人生にはさまざまな喜怒哀楽のシーンが存在しているとストレートにいうよりも、みんながよく知っている旅行での体験を出して例示することによって、よりわかりやすく伝わりやすいという、コミュニケーション上の特性が出てくる。

最新のスーパーコンピューターを用いて、まるで生身の人間の頭脳のような思考や行動をとる複雑な仕組みを長々と説明する代わりに、短い表現で「人工知能」と言えば、あっさりと伝わることがわかる。このわずか四文字の言葉でコミュニケートできるのである。

解説　メタファーの機能とコミュニケーション……………………………

88で述べたように、メタファーは比喩法の直喩（シミリー）の三要素の一つを省力して二要素のみで表現して、例えられる行為を直接述べないところに特徴がある。コミュニケーション論としてみた場合に、構成要素を少なくすることにより、一見脈絡が見えずに一段と洞察力や推察力が求められることになる。その結果、聞き手にとってはわかりやすい直喩よりも、謎かけのような不可視的で印象性が高まることになる。そのような特性から、古くから宗教で教えを説く時によく用いられてきた。仏教における現世と来世との関係において、天国や地獄の比喩を用いたり、キリスト教における主と信者の関係をブドウの木と枝に例えるなど、数多くのメタファーがみられる。メタファーは、抽象的なこと、把握や理解が難しく複雑なものを、すでに有している知識構造を通して理解するものである。つまり適切な類似性、関係性により、聞き手に共鳴が引き起こされる点が、コミュニケーション的特性である。わかりにくい複雑な概念をメタファーを用いることにより、具体的なイメージをもって生き生きと描き出し伝える効果がある。

このようにメタファーを言葉のパラフレーズによる書き換えに基づくとする立場は、非構成論的理論と呼ばれる。それに対してメタファーの相互作用的特性に注目するのが、構成主義論的理論である。この理論では、例えば「人はオオカミだ」というメタファーは、オオカミという言葉によって各自が連想するスキーマによって、その意味するところが変わると解釈される。これらの流れを汲みながらも八〇年代に台頭してきたのが、認知言語学者のG・レイコフや哲学者のM・L・ジョンソンらの「概念メタファー説」である。この説の注目すべき点は、メタファーを単なる表現法としてとらえるのではなく、人の認知活動に根ざしたものとみる新しい立場である。このようにメタファーとは単なる言葉の置きかえという立場から、より積極的で本質的な解釈へと大きく変わってきている。

90

アイデア出しの宝庫であるメタファー

沸騰しているやかんは蓋をさかんに持ち上げる。蒸気が重いモノを持ち上げるヒントを得たのは、このような身近なものからであった。一八世紀初頭にイギリスの発明家のニューコメンが発明し、その後機械技術者であり発明家のジェームズ・ワットにより実用化された蒸気機関のコンセプトは日常の中にあったのだろう。この実用化により産業革命が大きく発展したことはいうまでもない。自分の周りのごくありふれたものに対する観察眼と、身の回りの現象をメタファー的に解釈できるセンスの持ち主であれば、何かに役立つ発見や発明につながるヒントをつかむことができるかもしれない。

一方さまざまな商品を世に送るメーカーの商品開発の人たちにとっては、全く逆のベクトルで、新しいヒントを得ようとする。例えばスポーツ用品メーカーのアシックスの長年定番だったまめのできないシューズを例に考えてみよう。運動用のシューズにとって、長く履いていると、シューズの中が蒸れて豆ができることがある。この熱の処理を考えていた技術者が、ある時に、全く異なるジャンルであるクルマのエンジンの放熱処理に注目する。エンジンには大きく分けて水冷と空冷のタイプがある。水冷からヒントを得て水を含ませたが重くなりうまくいかない。そこで小さな穴をいくつか開けて、空冷式をヒントに試作品を作り、後にこれがベストセラーの商品として定着したのである。

つまりここでのメタファーの活用法は、その商品のもつ欠点解消という点に注目したことにある。閉じられた空間での摩擦熱により生じる熱処理というコンセプトを、シューズからクルマのエンジンに転じて、その解決法を見いだしたのである。あるモノの欠点に注目して、そこを補う何かをほかのジャンルから引いてきたことになる。

解説　帰納型と演繹型のメタファー

沸騰するやかんの蓋のコンセプトから、蒸気機関を生み出すコンセプトに至るプロセスは、いわば新技術や新素材などの応用と考えられる。小さなメタファーが、有益で意味あるモノを生み出したわけである。いわば機能型のメタファーである。それに対して、すでに存在しているモノのコンセプトから欠点解消として、ほかの完成している商品からヒントとなるコンセプトをもってくるのは、いわば演繹的（ある命題から論理法則に基づいて結論を導く方法）なプロセスによるメタファーの活用といえよう。

多くの場合、帰納的（個々の事例から一般的な原理や法則を導く方法）で応用的コンセプトのプロセスは、適用できる対象が広く存在して新しいイノベーションが生まれやすい。なぜなら無数のあらゆるモノに当てはめるという作業ができるからである。もちろんこの前提となる新技術や新素材などの開発研究にかなりのエネルギーが注ぎ込まれていることはいうまでもない。これに対して演繹的アプローチでは、既存のモノから共通性、明示性を見つけ出す作業が必要となり、なかなか容易ではないだろう。それでも次々と日々に新商品が登場している現実をみれば、新たなコンセプトを生み出すために欠けているもの、あるいは欠点やマイナス点解消に向けて、強い情熱と関連するメタファーを見つけるセンスをもちあわせている人たちが、ある日解消すべくヒントを見つけるのだろうか。

91

なりきる私とアナロジー

華麗なるステップとチョウのように舞うダンス。スターのようなはっきりしたメイクと、男役と女役に分かれての寸劇。これは宝塚歌劇団のOGが開いている本場タカラジェンヌを模倣した「なりきりレッスン」の一シーンである。このなりきりというスタイルも、見方を変えれば比喩の一種であるアナロジーとみることができる。不思議なことに、外見を模倣したり、自分なりにタカラジェンヌ風の名前をつけることによって、日常の自分とは大きく異なる新たな「私」が登場して、生き生きとしてくる。比喩を実践することによって、自らの自我の壁を乗り越える機会ともなりうるパワーが生まれてくるのである。

比喩にはこのように、モノとモノとの類似性に注目して例える場合のみならず、思考する自らを何かに例えるあるいは例えられることによって、新たなエネルギーを生み出す効果もあることが注目される。生物界には、カメレオンあるいはタコなどのように、外界に同化して、同じ色になったり見分けがつかないほど同じ形に一瞬にして変化する生物も存在している。これらの生物学的な同化作用も、この人の行う「なりきり」と同じものだろう。憧れのタカラジェンヌになりきることと、タコが周りのものと同化することとが同じなのは、いかがなものかととらえる方もいるかもしれませんね。

解説　アナロジーの代表「直接的類推法」

地球に人類がいるのだから、ほかの天体にも似たような生物が存在する、という考え方はアナロジーと呼ばれるもので、これも比喩の仲間である。同じ比喩でも、メタファーが例えるもの、例えられるもの、例える行為という大きく三つの要素あるいは例える行為を省略する二つの要素から成るのに対して、アナロジーは、A：B＝A'：B'のような比例関係を作る。つまり私：憧れの存在＝私：タカラジェンヌ、のような対置関係となる。このようにメタファーに比べて、比例関係になっており数量化しやすい面もある。そのぶん、曖昧さや謎かけ的なメタファーよりも、わかりやすい。

ここでの例のような「なりきり法」と呼ばれるアナロジーであるが、これは一般的な直接的類推法に対して主観的類推法というもので、アナロジーを考える本人や対象自体を主人公としたアナロジー法である。人のみならずモノでも対象となりうる。よく商品開発の企画段階で、新商品を人に例えてニックネームまでつけて、そのルックスやキャラクターの分析、総合的なコミュニケーション効果などについて、新鮮なヒントを提供してくれる。

これに対して直接的類推法とは、最も一般的なアナロジーのタイプで日常的によく使われているものである。直接類似する点を見つけて類推する方法で、先の主観的類推法に対して直接的類推法と呼ばれる。例えば空を飛ぶ鳥からヒントを得て、鳥の広げた羽から飛行機の翼をつくりあげる事例などがその典型である。

主観的類推法の一つである「なりきり法」は、コミュニケーションの場面において、一種の演技あるいは役割理論の仮面をかぶる心理とも重なる。本来の自己の姿とは異なる自分になりきる場面は、組織の中の地位や立場などの役割などによって、それに呼応したなりきるコミュニケーションを生みやすい。その結果、例えば父親らしい、部長らしい、先生らしい、タカラジェンヌらしい等といった、それぞれに相応した言葉遣いや表現などのコミュニケーションとして周囲からも認知される。また「なりきり法」は、なりきりを演じ続けることにより、〝新たな私〟が形成される可能性もある。

92 アサーションとコミュニケーショントラブル

海外旅行でハワイに行った時のこと。あるアトラクションを見るための列に並んでいた時のことである。目の前の若いアメリカ人の女性の前に、突然男性が割り込んできた。そしてあたかもさきほどからずっと並んでいたように平然としている。すると目の前に割り込まれてしまったその女性がにこにこした笑顔で、「私たちはさきほどから並んでいるんですよ。新しく並ばれる方は、この列の最後尾に並んでください」と穏やかに相手に言った。大丈夫なのかなとはらはらして見ていたら、その男性は「ＯＫ失礼しました」と一言述べて、後ろに並んでくれた。この間、わずか数十秒の出来事であった。

でももし日本人だったら、このようにキチンと主張できたのだろうかと思う。日本で同じようなシーンがあった時、私たちは自分の立場を毅然と述べ、相手にそのことを伝えることができるだろうかと考えてしまう。もし相手が怒ったり威嚇したりしてきた時に、このように言えるだろうか、やはり言いたくても言わずに見過ごしてしまうのではないかと思ったりもする。

このように自分の立場や主張を大切にしながらも、相手の立場や行動にも配慮できるコミュニケーションの表現方法が、アサーション（assertion）である。みなさんはこのようなコミュニケーショントラブルの場面で、はたしてキチンと自分の主張を述べて、相手とコンフリクト（対立）することなく、事態を解消することができますか？

解説 アサーティヴ・コミュニケーション……………………

コミュニケーション論からみた場合に、人には三種類の表現パターンがある。一つ目は自己本位に述べるもので、相手の立場や気持ちを無視して話す一方的なコミュニケーションで攻撃的な表現パターンである。二つ目は、逆に自分の気持ちや感情を抑えて、相手の立場や気持ちを最優先するもので、服従的パターンと呼ばれる。そして三つ目が、エピソードであげたもので、相手の立場や気持ちを配慮しながらも、きちんと自分の立場や意見を述べるもので、アサーションと呼ばれる。攻撃したり服従するという一方的なコミュニケーションではなく、相手と折り合いながらも、きちんと自分の主張を述べるという高度のコミュニケーション技法となる。

アサーションは、もともとはアメリカの心理療法から生まれたもので、さまざまな状況の中でも、自らの権利意識を自覚してキチンと自己主張するという立場である。わが国には八〇年代に、臨床心理学者の平木典子によって紹介されたのが始まりである。近年アサーションの意識が高まっている背景には、年間訪日観光客数が三千万人を突破し、わが国人口の四分の一にまで達するというグローバル化の波や、越境ECなどのような海外サイトでのネットショッピングなどの広がり、SNSによる海外との活発な交流といったネット社会の国際化やグローバリズムの新たな波がある。これらの異文化接触の高まりが、さまざまなコミュニケーション・コンフリクトを生み出しており、それらを回避するためのコミュニケーション手法として注目されている。またネット時代に高まってきた〝個の発信〟や個人の権利意識の高揚という大きな流れも、大きな拍車をかけている。さまざまなコミュニケーション・コンフリクトのシーンで、相手の立場や主張を認めつつも、きちんと個の主張をするという流れは、自己主張が控えめで集団性の高い日本人にとっても、今後広く浸透していくコミュニケーション技法となるだろう。

93 心に響く二面提示法

ある日、突然彼女に呼ばれた青年。いつもと彼女のテイストが少し違う雰囲気である。彼女が青年に向かってゆっくりと口を開いた。「あなたはとても優しい人よ。今までいろいろとよくしてくれて、ありがとうね、感謝しているわよ」と言い、その後少し間を置いて、「でもね、もう一緒にはいられなくなったの、ごめんなさい」と悲しそうに語ると、くるりと背を向けて走り去った。いわゆる別れの言葉である。そんなことは想定していなかった青年にとって、この後半の言葉はまさに青天の霹靂（へきれき）である。あまりのショックで、よく事態をすぐには理解できないかもしれない。

でも会って一言だけ「別れます」と突然言って去るシーンと比較してみると、この前半の表現の方が傷つくことは少ないかもしれない。ともに結果的には、マイナスイメージの言葉を述べているわけだが、前半では先にプラスイメージの言葉も同時に述べられており、マイナスな言葉だけよりも、こころに響く何かがある。

このプラスとマイナスの二つの面を、同時に伝えるのが二面提示法である。多くの場合に人は、マイナス要素をもつ言葉だけを伝えるには、思い切った気持ちやエネルギーが必要となる。まずはプラス要素の表現で、ワンクッション置いてから、マイナス要素の表現に転じる方が、まだ言いやすい面があるかもしれない。私たちの日常生活では、実はこのようなプラスとマイナスの二面を同時に語る「二面提示法」は、多くの場面で使われていることに気づくだろう。

解説 説得的コミュニケーションとしての二面提示法……………………………

説得的コミュニケーションとは、本来は他者の行動や態度をある方向に変化させることを意図するもので、〝態度変容〟をめざすものである。心理学者のC・I・ホブラントらによって提唱された。エピソードでの例は、二面提示法と呼ばれるもので、説得的コミュニケーションの一つである。ここではマイナス要素である「別れる」というメッセージを、プラス要素を同時に述べることにより、聞き手へのダメージを小さくする効果的なコミュニケーション技法といえよう。

説得的コミュニケーションは、送り手の要素、メッセージ内容、受け手の要素、関連するメディアの要素などから成り立つが、ここではメッセージ内容に注目した二面提示法であるといえる。これに対して、エピソードでの後半の例、マイナス要素の表現だけを伝える手法は、一面提示法と呼ばれるものである。結果的に同じ内容を伝えるのに、一面提示法よりも二面提示法の方が、受け入れられやすいのはなぜなのか。プラスの要素のメッセージは、相手の共感を得やすい。その共感を同時に保ちながら、マイナスなメッセージを伝えることは、負の影響を小さくできるものと思われる。マイナスメッセージだけの一面提示法よりは、インパクトは小さくできる。その結果広く世の中では、よく用いられるコミュニケーション技法といえる。

ただこれも聞き手の立場や条件によっては、結果が大きく変わる。特にマイナス面をプラス面よりも先に述べるのか、後で出すのかによって、相手に与える印象も大きく変わってくる。ここでのエピソードは、先に建前であるプラス面を、そしてその後に本音であるマイナス面を出す〝新近効果（recency effect）〟と呼ばれるものであり、逆に本音であるマイナス面を先に、建前のプラス面を後で述べる手法を、〝初頭効果（primary effect）〟と呼び、それぞれ相手の立場や条件等によって、その効果も異なってくる。

94

ペットロボットとおしゃべり

最近ロボットという言葉をよく耳にするようになった。アニメや映画の世界では、まるで人間と変わらないようなサイボーグ型ロボットなどが日常的に登場している。でも実際には、人間とは全く形の異なる産業用ロボットが多く、まだまだ人間的な思考をする人型ロボットの登場は先のようである。

関西から引っ越されてきたご近所の方がおもしろいお話をされていた。東京に来て親戚や知り合いもおらず、慣れない街並みにも戸惑うばかり。家に帰ってもご主人と話をするだけの日々。そんな時にあるショップで、おしゃべりをする小さな女の子の人形を見つけたそうだ。早速購入して、自宅のイスに座らせて語りかけてみると、想像以上にいろいろなコミュニケーションがとれるのにびっくり。おしゃべりできる言葉は一八〇〇種類以上で、朝の挨拶から、お天気についてのおしゃべり、簡単な計算もできるし、しかも学習能力があって毎日のように進化するお話がおもしろくて楽しい、とおっしゃる。見せてもらったところ、まるで小さな女の子がそこにいて、いろいろとおしゃべりしてくれるかのようである。アニメに出てくるような自立型の動くタイプではないが、確かにシーンとした室内では、かわいらしい小さな女の子の声で語りかけてくれたり質問に答えてくれる場面は、通常の子どもとのコミュニケーションに近いものがある。このおしゃべり人形が来てから、その方は寂しさや退屈さが減って、少しずつこちらの生活になじめたとのこと。イメージに浮かぶ高度なロボットとはほど遠いが、音声を中心としたこのようなお人形型の初歩的ロボットでも、人々のコミュニケーション活動に潤いや意味を見いださせてくれることの意義は大きい。

解説　ロボットがつなぐコミュニケーション

ロボットとは何か。一般にロボットは、ここでのエピソードのように人あるいは動物に模したものなど私たちの世界でなじみのあるものの形をしたものと、全く異なる形態の産業用ロボットに大きく分けられる。特に人型、動物型ロボットと人とのコミュニケーションは、現実の人対人、人対動物に近い疑似対面コミュニケーションが可能となる点が注目される。最近はAIの進化とともに、この人型あるいは動物型ロボットとのより高度なコミュニケーションも可能になってきた。すでにホテルのフロントに、このような人型ロボットを置いて、接客などに利用するケースも登場している。特にホテルのチェックイン時のコミュニケーションのように、やりとりする内容が一定のパターンに形式化されているようなケースでは、音声コミュニケーションがメインとなるので、今後の活用が期待される分野である。またエピソードに登場するお人形型のロボットは、機能的に初歩レベルのものであるが、すでに85のアニマルセラピーであげたように、単に音声のコミュニケーションのみならず、小動物が人に与えてくれる「癒し」や「安らぎ」といった要素も、今後ロボットと人とが共存していく上での大切な要素になろう。

また、今日ではヴァーチャルな世界でのロボットも見逃せない。ゲームのみならず、アバターとして知られている人型のヴァーチャル上のロボットである。情報工学者の林と加藤（二〇一七）の研究では、人工ペットとヴァーチャルペットの比較が行われており、動物などに模したペットロボットの有意性として、実体のもつ「身体性」があげられている。特に実物に模した人工ペットの方がヴァーチャルペットよりも、緊張の低減効果や活気の向上という要素において、有意性が高かったと報告されている。

95

バーチャルなアバターとの会話

海外旅行に行く時に、よくわからないことや不安なことがあると、今ではネットですぐに調べることができる。単に情報だけを得るなら検索サイトで探すが、より詳しい情報やお勧めのエリアやショップなどを知りたい時がある。例えばハワイに新婚旅行で行きたいと思っているカップルが、ありきたりのコースではなく、二人の趣味にそった旅行をしたいと思った時などに利用するのが、チャットボットである。ある飛行機会社が提供している海外旅行用のチャットボットのアバターにつながると、まるで本物の人間とＳＮＳをしているかのように次々と質問に答え、探していた情報を見つけることができる。ハワイのきれいな海でスキューバ・ダイビングができるスポットを教えてくれたり、あるいはビンテージなアロハシャツを売っているショップの行き方など、一般的な大まかなくくりの紹介では出てこないような小さな情報も教えてくれるのである。会話を続けているうちに、つい相手が人間ではなくロボットであるということを忘れてしまうくらいである。

このような企業が展開するチャットボットは、ほかにも身近なものとして大手宅配業者の行う問い合わせの自動応答などにも活用されている。配達状況の確認や不在配達の指定などのリクエストに対して、時間を問わずに答えてくれるのである。

解説　チャットボットとコミュニケーション

コミュニケーションにAI（人工知能）が活用されている身近な例が、チャットボットだろう。インターネットが登場する前のパソコン通信の時代からあるチャットは、本来人と人がまるで話をしているかのように、リアルタイムに応答するものである。このチャットの一方をAIによるロボット化し自動回答にしたものが、チャットボットである。顧客からの多種多様な問い合わせに対して、従来は人力で答えていたが、増大する問い合わせに対して、適切な自動回答を行うチャットボットを導入することによって、企業側は人件費の削減や、二四時間いつでも回答できる体制となり、よりよい顧客サービスが可能となる。

AIはもともとマーケティングと相性がいい。なぜなら顧客から集めた膨大なデータの処理や分析を、人が行う場合とは比較にならないくらいの高速で処理できる。これらのデータベースをもとに、ある商品やサービスについての全体像をつかむことができる。それと同時に、個々の顧客や消費者の固有の特性についての個別分析も行うことができる。つまり全体の把握と個々の分析という相反するベクトルのジャンルを同時に高速に行える能力があるところに、AIのもつ特徴がある。もちろんこれらには、より多くのデータを集めて、さまざまな視点から分析を行う「ディープラーニング」の手法が用いられている。このディープラーニングの処理については、人の脳神経回路を模したアルゴリズムの「ニューラルネットワークシステム」が応用されて、より人の思考に近づけて自ら学習し進化できるようになっている。現在のチャットボットはまだ発展段階であるが、やがてネット上に、人にそっくりなアバターが登場して、表情豊かに身振り手振りでまるで友だちと話をしているかのように、いろいろとコミュニケーションできる日も近いだろう。

96 飛び出す世界

二〇一六年はＶＲ（仮想現実：Virtual Reality）元年と呼ばれた。目の上に大きなゴーグルのようなＨＭＤ（Head Mount Display）をつけＶＲ専用のゲーム機につないでソフトを動かすと、突然自身の体が世界の中に飛び込み一体感を味わうことになる。高層ビルの上に立ったりそこから周囲を見渡すと、街並みがリアルな世界と同じに見える。従来の３Ｄ映画のような不自然さはなく、映像の中の人物に話しかけられると思わず答えてしまうほどの臨場感に驚く。空を浮遊したり、宇宙空間のまっただ中に吸い込まれる感じは、日常では決して味わえない体験である。この年にソニーから発売されたPlaystation VRは、予約分が完売してしまうほどの人気商品となった。架空の世界に入り込む感覚は、今まで私たちが体験しえなかった新鮮な体験となり話題となった。

従来の３Ｄ方式の立体視の場合、あくまでも外から対象を見るという位置関係になる。それに対してＶＲでは、世界の中に私たちが入り込むという〝没入感〟が生まれてくる。今私たちがいる世界と、没入した世界のどちらが本当か区別がつかなくなる不思議な感覚の体験である。でも初めてＶＲを体験した人の中には、この没入感ゆえに、酔ってしまって気分が悪くなったりふらついてしまう人もいたとのこと。それくらいに、リアルな感覚が強かったということの証だろう。

解説　ＶＲとコミュニケーション……………………………………………

ＶＲとは、本来は現実的にも物理的にも存在しないものを、感覚的には本物と同質の本質を感じさせる技術であり、人工現実感と呼ぶのが意味的に近いかもしれない。ＶＲの歴史は、一九六〇年代にＣＧの生みの親であるアイバン・サザランドが、ブラウン管を使った初のＨＭＤを開発したのが始まりとされる。アナログ式のブラウン管からデジタルなＨＭＤに替わっただけで、その原理は変わらない。

現状では、大きなゴーグルのような機器を顔につける必要があり、広く日常生活にまで普及するには、多くの改良と時間がかかるだろう。それでも、コミュニケーション論という点からみるなら、このＶＲを再現するＨＭＤによる仮想社会の中の一体感は、新たな意味をもたらすことになる。それは私たちの世界観は、主体と客体と二元論をもとにして、外から対象物を見るというものであったが、このＶＲによるリアルと仮想空間の一体感や没入感は、このような世界を外から眺めるという従来からの価値観を崩すことになる。見ているはずの世界から、逆に見られているという逆転現象が起きる。リアル社会と仮想空間との間の垣根がなくなる一体感の中でのコミュニケーションは、伝達するというよりは一体感として共有するという、現実では決して生まれない形式となる。

現状ではＶＲを提供するソフト側がまだ完全に充実したものではないが、それでもこのＶＲの技術は、今後ゲームのみならず実社会でも広く使われることになるだろう。すでに企業研修などの社内教育に使ったり、高度のテクニックが必要とされる医療の手術の場面でのシミュレーション訓練で用いられて効果を出している。また野球選手が球筋を見極める高度なバッティング技術を磨くのに使用されたりしている。

人工現実感を生み出すＶＲは、居ながらにしてさまざまな臨場感あふれる疑似体験を生み出すことができ、これからのリアルな体験を伴う認知やコミュニケーションを超越する新たなＶＲコミュニケーションを生み出していくだろう。

97 リアルとネットが融合する決済インフラ

流行の服をショップで買うカップル。彼はクレジットカードで支払い、彼女はバッグの中からサイフと思いきや、スマホを取り出して決済を行う。今ではごく当たり前の日常的な光景の一つである。サイフを出して現金を支払いお釣りとレシートをもらうといったアナログ的なやりとりから、今ではキャッシュレスのデジタル決済が広がってきた。現金の出し入れがないということは、お客さん側にとってはその手間暇が省ける利便性が大きいし、何よりもスピーディに買い物ができる。また同時にショップ側にとっても、オンライン上で一瞬にして決済される仕組みは、その利便性に加えてさらにさまざまなメリットがもたらされる。クレジットカードや電子マネーに加えて、スマホのＱＲコード決済も今では浸透し、さまざまなキャッシュレスでの買い物が広がってきた。

この日常的ともいえるキャッシュレス化のシーンをよく考えてみると、実は人と機械とがやりとりを行っている典型的な情報通信的なコミュニケーションであると気づく。つまり買い物客は支払う際に、カード読み取り器を通して、直接にオンラインでショップ側、信販会社、メーカーとやりとりしていることになる。本来は買い物客がショップのスタッフに、商品を購入する際に現金を渡してやりとりする一連の流れがデジタル化されたことにより、買い物行動自体が、客観的にデータ化され可視化されたコミュニケーションとなっている。アナログな買い物では、客と店員がお金を通して商品と交換するわけであり、対面で認知できる情報、例えば男女、年齢といった程度しかわからないが、キャッシュレス決済では、もともと登録してある基本的な個人情報に加えて、ＱＲコード決済などではＧＰＳの位置情報も特定されて、顧客のさまざまな情報が一瞬にしてデータ化されて伝わる。受け手であるショップやメーカー側にとっては、貴重な顧客情報のデータが手に入り、まさに宝の山となるのである。

解説　コミュニケーションとしてのキャッシュレス……………………

今日では当たり前のように行われているキャッシュレス。オンラインでのデジタル決済は、買い物客＝送り手が手持ちのカードやスマホを通して、受け手であるショップやメーカー側とやりとりを行う双方向の情報通信となる。いわばコミュニケーションが基本の一つとしている電気工学者のC・E・シャノンの情報通信の流れそのものである。さらに注目すべき点は、経済的価値を伴うコミュニケーションであるということ。コミュニケーションは、通常は情報、気持ち、感情などのやりとりがメインに行われる点からみても、キャッシュレスのやりとりから新たなコミュニケーションの大きな潮流が生み出されているのが注目される。わが国の消費活動におけるキャッシュレス化は、先進国の中では、韓国、イギリス、中国、アメリカなどの半数以上の占有率に対して、五位の約二〇％にすぎない（経済産業省、二〇一七）。二〇二五年までに四〇％をめざしており、これからますますその比率が高まるものと思われる。

デジタル決済においてデータベース化される顧客情報は、メーカーやショップ側にとっては、ピンポイントな広告を打ったり、クーポン付与や販売促進の情報を直接顧客一人ひとりに提供することも可能となっている。消費者にとっては、リアル店舗やネットショッピングも含めて多くの選択肢の中から、ショップを選んで購入できる。またメーカーやショップ側にとっては、個々の消費者の〝顔〟――好みや消費傾向など――が見えるメリットが大きい。今後このキャッシュレスという経済的価値のあるコミュニケーションは、ますます広がっていくものと予想される。

98

夢の通訳機

中国から来ている留学生のA君とは、簡単な会話はできるものの、複雑な会話や日本語特有の表現や言い回しになると、なかなか通じない。漢字発祥の国の人なので、通じない時は、漢字を書いて伝えるシーンまで登場することになり、会話というよりもまるで単語の逐一訳をせっせとやっているような錯覚にすらおちいる。何でもデジタル化の時代なのだから、紙に書いて伝えるくらいなら、高速に処理できるデジタル技術を使って、言いたい言葉が簡単に変換でき、伝える方法はないものだろうか。

そんなことを考えていた時に、留学生のA君がにこにこしながら、ある小さなモノを持ってきた。彼が言うには、簡単に通訳が可能とのこと。いわゆる現在巷に出回っている翻訳機である。早速二人で使ってみると、最初こそうまく変換するコツがわからなかったが、だんだん慣れてきて、高度のレベルの複雑な会話もある程度できるようになった。レポート用紙にその都度漢字を書いて意思の疎通を行っていたアナログ的コミュニケーションに比べれば格段の進歩である。

実際には、ラフな日常会話がそのまま通じるように正確に訳されるわけではなく、この翻訳機が読み取れるように、正しい文法に則って、クリアな音声でゆっくりと話す必要がある。これはある程度慣れるにしても、一番のネックは反応の遅さである。Wi-Fi方式あるいはネットと通信して訳すなど、いろいろなパターンがあるが、日本語で話してから中国語に訳されるまで五〜六秒のリスポンスでは、あまりに長いと感じる。今さらながら対面のコミュニケーションでは、いかに早いリスポンスで行われているかと痛感する。翻訳の変換によるロスタイムは、遅くても一〜二秒以内が求められる。それでも、今までどうしても通じなかった複雑な言い回しや難解な表現や会話が、時間はかかるとはいえ、翻訳されて通じるようになったのは、大きな前進であることには間違いないだろう。

解説　ＡＩによる翻訳のコミュニケーション

翻訳といえば、私たちになじみのあるのは、Googleの翻訳機能だろう。Ｗｅｂの検索で出てきた英文の文章を、一瞬にして翻訳してくれる。初期の段階では、日本語的にかなり変なあるいは不適切な対訳も多かったが、最近ではかなりその精度が高くなっている。このＷｅｂ上の翻訳には、ＡＩが用いられている。その方式も文法等のルールなどに基づいたパターンの旧来の方式から、統計ベースのパターン、そして現在ではＡＩに欠かせないニューラルネットワークの原理を導入している。具体的には翻訳機がネットとつながり、最適な翻訳検索エンジンを探して訳してくれるのである。

変換されるまでのタイムラグの大きな問題があるが、ネットと通信により訳される方式により、英語と日本語という代表的な言語間での訳のみならず、六〇か国以上の言語との訳が今では可能となっている。小型の翻訳機のベースの一つとなっているヨーロッパの翻訳ソフトは、もともとヨーロッパに押し寄せてくる世界各国の難民対策用に開発されたものもあり、数多くの他国言語との翻訳変換を可能としている背景が垣間見える。現段階での対人場面における翻訳機能については、あくまでもＡＩが得意とする記号処理的なものが主となっており、生身の人同士の会話に対応した翻訳レベルとなると極めて難しい。会話時におけるコンテクストによる意味の変化、あるいはノンバーバルなコミュニケーションなどは、現時点ではＡＩが不得意とするものである。それでもＡＩが進化し、異国の人との言葉が瞬時に翻訳されて、自然な会話ができる日も近い将来に来るだろう。

99

進化する動画のおもしろさ

　子どもたちや若者に人気のユーチューバー。ネット上の動画サイトで活躍する人たちのことで、今では子どもたちの将来就きたい職業の上位にランクするまでに認知されるようになった。著名なユーチューバーの動画となると、想像を超えるくらいの膨大なアクセス数があり、いわばネットという仮想空間でのスターやアイドルといった感すらある。

　このユーチューブのような人気の動画サイトでは、いろいろな人がさまざまな趣向を凝らした動画、例えば特別な料理の作り方をわかりやすく教えるもの、ペットの猫のかわいいしぐさを集めたもの、数学の難しい問題の解き方のいろいろなど、多種多様なジャンルやテーマが存在する。無数のユーザー個人が発信する動画が大半であるがゆえに、その分、どんな人の興味や関心に合うテーマでも、見つかるはずである。

　この動画も最近では新しいタイプのものが登場している。ユーチューブなどの動画は、制作者自らが出演したり自らが撮影したものがメインとなるリアルな一体感に特徴があるが、最近では制作者の代わりにアバターを使う、バーチャルユーチューバーが登場して人気を得るようになった。アニメのようなアバターが、制作者と同じようにしゃべったり眼を瞬きしたりと臨場感をもって対応してくれる。それぞれユニークなアバターが展開する動画は、今まで見慣れた生身の人間が主役の動画よりも、身近で新鮮さがある。生身の人の顔が見えないアバターならば、誰しも気楽に発信できそうだ。

解説　バーチャルな動画とペルソナの心理

バーチャルユーチューバーと呼ばれる新しいスタイルのコミュニケーションが、二〇一八年度にはネット流行語大賞に選ばれたのは記憶に新しい。アバター（化身、分身）と呼ばれるアニメのようなキャラクターが、人の代わりに、さまざまな動きや話をしたりするものである。初期の頃は、専用の大がかりなVR機器を必要としたが、今ではスマホがあれば、誰でも簡単なアプリを使って、Face Tracking したり、リッピング機能で、ユーザーの口の動きに合わせて、キャラクターの口を動かしたりすることなど、簡単なバーチャル動画ができるようになった。コミュニケーション論としてみた場合、従来「不特定多数の未知のオーディエンスに顔を見せることに抵抗のあった」人たちも、アバターで気兼ねなく自由に動画を発信できるようになった意味は大きい。このバーチャル動画の特徴として、生身の人物やリアルな情景にとらわれることなく、表現方法が自由であること。VRやモーションキャプチャーなどを使って、2Dや3Dの動くキャラクターを操作できる。見慣れた現実とは異なる映像表現が可能となり、新鮮な印象を与えることができる。

アバターを使って発信するユーザーの心理は、自己の分身を操作するような気楽さがある。いわば「ペルソナの心理」である。他者から見た本来の自己の姿とは異なり、アバターというペルソナを被ることで、新しいキャラクターになりきる自分が存在する。ペルソナの心理は、よくコスプレを行う時の心理としてあげられる。ゲームやアニメのキャラクターと同じような格好やメイクをすることにより、本来の内なる自己が上書きされて、外なる自己になれる気楽さや安心感がある。その最大の特徴は、ふだんもっている他者との壁が低くなることである。この生まれたばかりの新たなスタイルのコミュニケーションは、その気楽さ新鮮さから、多くの人を惹きつけていくだろう。

100

コミュニケーションの未来形

コミュニケーション論研究者のW・シュラムは「パラダイムの喪失」という論文の中で、それまでのコミュニケーション研究の流れを概観しながら、新たなコミュニケーション理論のフレームワークを構築している。シュラムによると、それまでのコミュニケーションの代表的な六つの理論は以下のようなものである。

分野	提唱者	理論
社会学	ラザースフェルド派	マス・コミュニケーションにおける限定された効果
社会心理学	ラザースフェルド派、ブルーマーおよびカッツ	コミュニケーションの利用と満足
農村社会学	アイオワ州立大学派	イノベーションの採用と普及
心理学	ホヴランド派、その他	説得的コミュニケーション
社会心理学	ハイダー、レヴィン派およびその他	認知的斉合性理論
工学・電子工学	シャノンおよびベル電話研究所	コミュニケーション信号の数学理論

コミュニケーション研究の第一人者であったシュラムは、ここにあげられた六つの代表的なコミュニケーション理論を重要なものとしている。そして同論文の、「オアシスの先の段階」という節で、新たなコミュニケーション理論の試論をあげている。それによると、これからのコミュニケーションは、送り手、メッセージ、受け手という線形モデルではなく、図のように一部重なり部分集合をつくる二つの楕円形を描き、二つの活発な集団の関係としてとらえ直そうとしている。

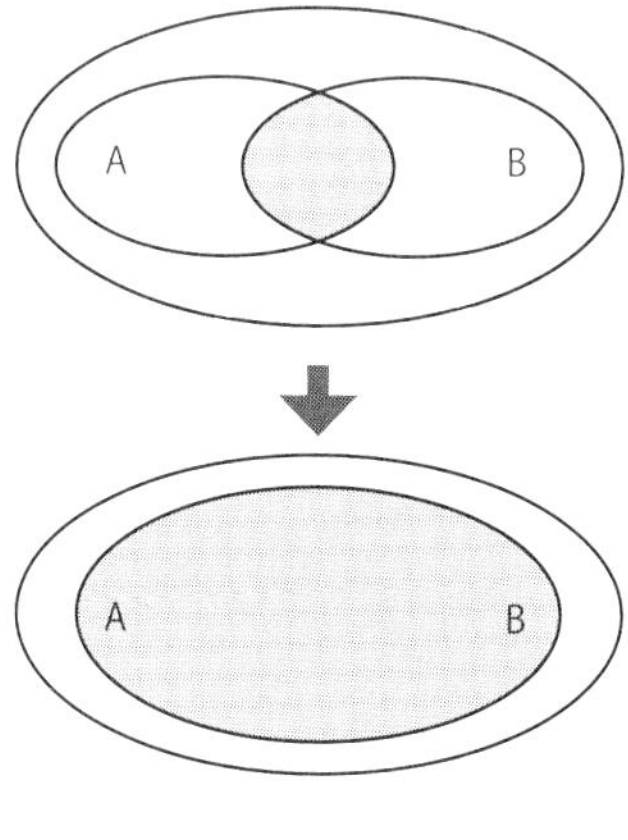

図　シュラムの仮説
（Schramm, 1980 を参考に筆者作成）

ここでは信号は流れるのではなく、共有されているのである。重なりは共有化部分であり、この共有化が進むとその範囲は拡大して、その信号の意味は収斂する。この収斂する部分とは、いうならば知識や価値であると考える。この新たなモデルのユニークな点は、共有化部分を一種の社会的な契約関係と見なしていて、この社会的契約がコミュニケーションを決定するものとする考え方である。インターネットのように双方向的コミュニケーションが広がり、さまざまなコミュニケーション方式が登場する中で、シュラムの提示した共有化、およびその収斂、社会的契約関係といった概念の導入は、これからのコミュニケーション理論を考えていく上で有効な視点を提供してくれることだろう。

あとがき

本書は、私たちの日常面に生起しているさまざまなコミュニケーション、特に新しく登場して定着しつつある現象に注目してみようとする、小さな新たな試みである。

旧版が世に出てすでに十余年となった。その間のデジタル・コミュニケーションの大きなうねりを踏まえて、新版の本書では、新たに全面的に見直しおよび新たな書き下ろしを行った。肌身離さず一体化しているスマホの圧倒的な広がりや、SNSやコミュニケーション・アプリが日常的に行われるようになり、私たちの日常のコミュニケーションの世界も大きく様変わりした感がある。それでも、日常的に頻繁に行われるSNSやメールのやりとりの様を見ると、人々の日常に「コミュニケーション」が大きく位置づけられていることを改めて再認識させられる。

新たなコミュニケーションを発見するという試みに興味をもったのは、日常面で出会うさまざまなコミュニケーションに、それぞれ一定の小さなルールやプロトコルとでも呼ぶべき規範が生まれていることに、ふとした機会に気づいたことが始まりである。

いつのまにか定着したスマホの高速片手打ち、エスカレーターの片側並び、川沿いに規則正しく座っているカップルたち、クルマ同士の独特な信号やサイン、といったように、本文の中でもとりあげた新たなコミュニケーションが、自然と発生して、いつのまにか人々の息づかいを感じる共通のルールやプロトコルが形づくられていることに気づくだろう。

本書でとりあげた14のジャンルにわたる100のさまざまなコミュニケーション。コミュニケーション・メディアとして世を席巻したスマホによるコミュニケーションはいうに及ばず、中には「これもコミュニケーションなの？」と思われるようなさまざまな現象に注目してとりあげてみた。もちろん個々の現象については、さまざまな解釈や分析が可能であり、本書での試みはその中の一つにすぎない。

ここでの分析や解説の概念装置となったものは、本来のコミュニケーション論は言うに及ばず、メディア論、マスコミュニケーション論、異文化間コミュニケーション論、社会学、社会心理学、認知心理学、医学、動物行動学、哲学、文学、言語学、人工知能論、コンピューターサイエンスやそのほかのさまざまな学問領域からの関連する理論や知見によるものである。日常面に生起するコミュニケーションですら、このように広範なジャンルの学問分野からの視点にわたるという事実こそ、まさにコミュニケーションのとらえがたい曖昧模糊なところであり、奥の深いところでもある。

コミュニケーションとは、主として〝伝達〟という意味で用いられてきた背景があるが、本文の最後の100でコミュニケーション論研究者のシュラムがいみじくも述べているように、これからのコミュニケーションとは、二つのモノの間の伝達というよりはむしろ〝共有するもの〟になるという解釈は、現代のネット社会を予見した優れた示唆に富んでいる。共有とは、もともとコミュニケーションという言葉の語源であるラテン語の communis の意味するものでもある。ネット上のコミュニケーションであるSNSやコミュニケーション・ツールによるメールなどは、伝達というよりも一瞬に仲間内に伝わるゆえに、常時つながっている、みんなと共有しているという意識が強い。すでに八〇年代に、コミュニケーションとは〝近い将来、共有する方向に向かう〟とシュラムが予測していたとおりに、ことネットやスマホなどのデジタル・コミュニケーションに関しては、大きな変革が生まれていることを認識させられる。

本書の中で展開された身近なコミュニケーションの発見、といういわばコミュニケーション・ハンティングという新たな試みは、現在も続く小さな試みである。今後も、さらにこの試みを継続しながら、それぞれのシステムレベルでのコミュニケーションのプロトコルやルールを見つけながら、最終的にはその背景に垣間見える人々の営みや息づかいを感じ取れることができればと思っている。

本書の執筆に際しては、多くの研究仲間や友人知人の方々、特に東京大学大学院情報学環の橋元良明先生、東京大学空間情報科学研究センターの柴崎亮介先生、国際医療福祉大学の川上和久先生、挿絵の中島由美子さんの諸氏には特にお世話になった。ここに謹んで感謝の意を捧げたい。また本書の企画から出版にあたるまで、終始情熱をもって励ましていただき、細部に至るまで適切なアドバイスとご指示をしていただいた金子書房編集部の岩城亮太郎氏には、ここにこころよりお礼を申し上げたい。

二〇一九(令和元)年九月

中島純一

寺島信義（2009）情報新時代のコミュニケーション学．北大路書房
鳥飼久美子ほか編（2011）異文化コミュニケーション学への招待．みすず書房
東京大学新聞研究所編（2014）コミュニケーション：行動と様式．日本図書センター
辻 大介・是永 論・関谷直也（2014）コミュニケーション論をつかむ．有斐閣
Turkle, Sherry（2015）Reclaiming conversation: The power of talk in a digital age. Penguin Press.［日暮雅通訳（2017）一緒にいてもスマホ：SNSとFTF．青土社］
内富庸介・藤森麻衣子編集（2007）悪い知らせをどう伝えるか．医学書院
Wallace, Patricia M.（2016）The Psychology of the Internet. Cambridge University Press.［川浦康至・和田正人・堀 正訳（2018）インターネットの心理学．NTT出版］
鷲巣月美ほか監修（2014）動物医療現場のコミュニケーション．緑書房
山本登志哉・高木光太郎編（2011）ディスコミュニケーションの心理学：ズレを生きる私たち．東京大学出版会
吉田章宏・田生みどり編著（2005）コミュニケーションの心理学：心の探究の旅．川島書店
吉本隆明（2015）物語とメタファー．筑摩書房
吉岡泰夫（2011）コミュニケーションの社会言語学．大修館書店
幼児教育研究部会（2019）公益財団法人野間教育研究所　幼児教育研究部会セミナー報告2018「園・家庭・地域の豊かなコミュニケーションシステムをめざして：お便り・Webサイト等の実際」．公益財団法人 野間教育研究所

樹出版
Pentland, Alex Paul（2008）Honest signals:how they shape our world. The MIT Press.［柴田裕之訳・安西祐一郎監訳（2013）正直シグナル：非言語コミュニケーションの科学．みすず書房］
定延利之（2016）コミュニケーションへの言語的接近．ひつじ書房
二宮真智子（2017）誤解の心理学：コミュニケーションのメタ認知．ナカニシヤ出版
佐々木圭一（2013）伝え方が９割．ダイヤモンド社
佐々木正人編（2006）アート／表現する身体：アフォーダンスの現場．東京大学出版会
佐々木正人（2008）アフォーダンス入門：知性はどこに生まれるか．講談社
佐々木正人（2015）アフォーダンス．岩波書店
里見清一（2015）医者と患者のコミュニケーション論．新潮社
シビックプライド研究会編（2008）シビックプライド：都市のコミュニケーションをデザインする．宣伝会議
染谷昌義ほか（2018）身体とアフォーダンス：ギブソン「生態学的知覚システム」から読み解く．金子書房
末田清子ほか編著（2011）コミュニケーション研究法．ナカニシヤ出版
末田清子・福田浩子（2011）コミュニケーション学：その展望と視点．松柏社
杉本なおみ（2013）医療者のためのコミュニケーション入門．精神看護出版
鈴木健編著（2011）コミュニケーション・スタディーズ入門．大修館書店
鈴木健・岡部朗一編（2009）説得コミュニケーション論を学ぶ人のために．世界思想社
高田明典（2012）コミュニケーションを学ぶ．筑摩書房
高田哲史（2008）コミュニケーションとしての身体運動．出版サービスセンター
滝浦真人・大橋理枝（2015）日本語とコミュニケーション．放送大学教育振興会
谷口忠大（2010）コミュニケーションするロボットは創れるか：記号創発システムへの構成論的アプローチ＝Constructive approach towards symbol emergence system．NTT 出版
多門靖容（2014）比喩論．風間書房

参照文献／参考文献

中島純一（2007）CMC における新たな“くちコミ”特性についての考察. Communication Inquiries 2007 No.9. 電通総研
中島純一（2013）増補改訂版メディアと流行の心理. 金子書房
中西のりこ・仁科恭徳編著（2018）グローバル・コミュニケーション学入門. 三省堂
鍋島弘治朗（2016）メタファーと身体性. ひつじ書房
鍋島弘治朗・楠見 孝・内海彰編（2018）メタファー研究. ひつじ書房
中村 明（2013）比喩表現の世界：日本語のイメージを読む. 筑摩書房
中野美香（2010）大学 1 年生からのコミュニケーション入門：ワークシート課題付. ナカニシヤ出版
中野良平（2010）テクノロジーが変えるコミュニケーションの未来：人の精神活動を支える情報通信技術. オーム社
日経広告研究所編（2017）広告コミュニケーションの総合講座〈2018〉. 日経広告研究所
西田 司・寺尾順子（2010）親密化のコミュニケーション. 北樹出版
野村直樹（2008）やさしいベイトソン：コミュニケーション理論を学ぼう！. 金剛出版
大橋理枝・根橋玲子編著（2019）コミュニケーション学入門. 放送大学教育振興会
大澤真幸（2019）コミュニケーション＝ Communication. 弘文堂
岡田美智男・松本光太郎編著（2014）ロボットの悲しみ：コミュニケーションをめぐる人とロボットの生態学. 新曜社
岡本真一郎（2013）言語の社会心理学：伝えたいことは伝わるのか. 中央公論新社
岡本真一郎編（2011）ミス・コミュニケーション：なぜ生ずるかどう防ぐか. ナカニシヤ出版
岡本裕一郎（2018）答えのない世界に立ち向かう哲学講座：AI・バイオサイエンス・資本主義の未来. 早川書房
岡野雅雄編著（2008）わかりやすいコミュニケーション学：基礎から応用まで. 三和書籍
奥村 隆（2013）反コミュニケーション. 弘文堂
大屋幸恵・内藤暁子・石森大知編著（2016）文化とコミュニケーション. 北

「生きる力」．ミネルヴァ書房
国際異文化コミュニケーション研究所編（2013）異文化コミュニケーションへの道．文化書房博文社
小坂貴志（2017）現代対話学入門：政治・経済から身体・AI まで．明石書店
小坂貴志（2017）異文化コミュニケーションの A to Z：理論と実践の両面からわかる．研究社
河野哲也編（2013）倫理：人類のアフォーダンス．東京大学出版会
久保田進彦・澁谷 覚（2018）そのクチコミは効くのか．有斐閣
Kyncl, Robert & Peyvan, Maany（2017）Streampunks : How YouTube and the new creators are transforming our lives. Virgin Books.［渡会圭子訳（2018）You Tube 革命：メディアを変える挑戦者たち．文藝春秋］
正村俊之編著（2012）コミュニケーション理論の再構築：身体・メディア・情報空間．勁草書房
松本健太郎（2019）デジタル記号論：「視覚に従属する触覚」がひきよせるリアリティ．新曜社
松下慶太（2012）デジタル・ネイティブとソーシャルメディア：若者が生み出す新たなコミュニケーション．教育評論社
宮武頼夫編（2011）昆虫の発音によるコミュニケーション．北隆館
溝川 藍（2013）幼児期・児童期の感情表出の調整と他者の心の理解：対人コミュニケーションの基礎の発達．ナカニシヤ出版
水城ゆう（2019）縁側の復権：共感的コミュニケーション 2019　Kindle 版. Amazon Services International, Inc.
森川信男（2006）コンピューターとコミュニケーション：情報ネットワーク化時代の情報革新．学文社
村田 敬（2017）『通じる力』医師のためのコミュニケーションスキル入門. 金芳堂
村山 司（2012）イルカの認知科学：異種間コミュニケーションへの挑戦．東京大学出版会
中島純一（2005）メディア変容と流行．橋元良明・吉井博明編「ネットワーク社会」叢書　現代のメディアとジャーナリズム 2．ミネルヴァ書房
中島純一（2006）進化するメディアの新たなコミュニケーションと消費行動. 通販新聞社編．通信販売年鑑 2006 年版．宏文出版

ビスイノベーション研究．東京大学出版会
池田理知子・松本健太郎編著（2010）メディア・コミュニケーション論＝Mediacommunication．ナカニシヤ出版
池田理知子・五十嵐紀子編著（2016）よくわかるヘルスコミュニケーション．ミネルヴァ書房
板場良久・池田理知子編著（2011）よくわかるコミュニケーション学．ミネルヴァ書房
伊東昌子（2013）コミュニケーションの認知心理学．ナカニシヤ出版
独立行政法人情報処理推進機構　AI白書編集委員会編（2018）AI白書2019．KADOKAWA
樺山紘一責任編集（2008）コミュニケーション．弘文堂
海保博之（2010）わかりやすさとコミュニケーションの心理学．朝倉書店
看護実践の科学　2019年8月号　特集：コミュニケーションと看護チームの成長．看護の科学社
春日直樹（2016）科学と文化をつなぐ：アナロジーという思考様式．東京大学出版会
片岡邦好・池田佳子編（2013）コミュニケーション能力の諸相：変遷・共創・身体化．ひつじ書房
片岡邦好・池田佳子・秦かおり編（2017）コミュニケーションを枠づける：参与・関与の不均衡と多様性＝Framing communication: facets of imbalance and diversity in participation．くろしお出版
川村稲造（2013）仕事のコミュニケーション論：人間関係の基本と自信を身につける．白桃書房
風間八宏（2018）伝わる技術：力を引き出すコミュニケーション．講談社
金 武完・圓岡偉男（2019）改訂新版　入門情報社会とコミュニケーション技術．明石書店
貴戸理恵（2018）「コミュ障」の社会学．青土社
木村信子（2015）フランスの他者：コミュニケーション思想とジェンダー．三省堂書店
清宮普美代・北川達夫（2009）対話流：未来を生みだすコミュニケーション．三省堂
児島健次郎編著（2017）知的技法としてのコミュニケーション：「話す力」は

店
長谷正人・奥村 隆（2009）コミュニケーションの社会学．有斐閣
長谷川宏司編（2006）多次元のコミュニケーション．大学教育出版会
長谷川宏司ほか編（2014）異文化コミュニケーションに学ぶグローバルマインド．大学教育出版
橋元良明編（2008）メディア・コミュニケーション学．大修館書店
林 創（2016）子どもの社会的な心の発達：コミュニケーションのめばえと深まり．金子書房
Heffernan, Kevin（2013）Introduction to communication for Japanese students= 大学生のためのコミュニケーション入門．くろしお出版
姫野昌子・伊藤祐郎編著（2007）コミュニケーションと異文化理解．放送大学教育振興会
東森 勲編（2017）対話表現はなぜ必要なのか：最新の理論で考える．朝倉書店
平木典子(2015)アサーションの心:自分も相手も大切にするコミュニケーション．朝日新聞出版
平木典子･柏木惠子(2012)家族を生きる:違いを乗り越えるコミュニケーション．東京大学出版会
平田オリザ（2012）わかりあえないことから：コミュニケーション能力とは何か．講談社
平田オリザ（2015）対話のレッスン．講談社
平田オリザ･蓮行(2009)コミュニケーション力を引き出す:演劇ワークショップのすすめ．PHP 研究所
廣田周作（2013）Shared Vision（シェアードヴィジョン）：相手を大切にすることからはじめるコミュニケーション．宣伝会議
本田美和子・伊東美緒編集（2019）ユマニチュードと看護．医学書院
細谷 功（2011）アナロジー思考：「構造」と「関係性」を見抜く．東洋経済新報社
伊庭斉志（2018）ゲーム AI と深層学習：ニューロ進化と人間性．オーム社
井手口彰典（2009）ネットワーク・ミュージッキング：「参照の時代」の音楽文化．勁草書房
池田謙一編（2010）クチコミとネットワークの社会心理：消費と普及のサー

安西祐一郎ほか編集（2014）岩波講座コミュニケーションの認知科学．岩波書店
荒巻基文（2013）社会人のための伝える力：人の心に伝わるということ．産業能率大学出版部
有田亘・松井広志編著（2018）いろいろあるコミュニケーションの社会学．北樹出版
Bailenson, Jrermy（2018）Experience on demand: What virtual reality is, how it works, and what it can do. W. W. Norton & Co., Inc.［倉田幸信訳（2018）VR は脳をどのように変えるか？：仮想現実の心理学．文藝春秋］
大坊郁夫・永瀬治郎編（2009）関係とコミュニケーション．ひつじ書房
電通メディアイノベーションラボ編（2017）情報メディア白書 2017．ダイヤモンド社
電通メディアイノベーションラボ編（2018）情報メディア白書 2018．ダイヤモンド社
DiFonzo, Nicholas（2011）The watercooler effect: a psychologist explores the extraordinary power of rumors.［江口泰子訳（2011）うわさとデマ：口コミの科学．講談社］
江間有沙（2019）AI 社会の歩き方：人工知能とどう付き合うか．化学同人
遠藤克彦（2007）コミュニケーションの哲学：ハーバーマスの語用論と討議論．世界書院
藤本一司（2011）生きるための哲学：笑顔のコミュニケーション．北樹出版
深谷安子・北村隆憲編著（2018）看護におけるコミュニケーション・パラダイムの転換：ケアとしてのコミュニケーション．関東学院大学出版会．丸善出版（発売）
船本修三（2013）情報社会のコミュニケーション能力．中央経済社
船津 衛（2006）コミュニケーションと社会心理．シリーズ情報環境と社会心理 8．有斐閣
船津 衛（2010）コミュニケーション・入門：心の中からインターネットまで．有斐閣
原沢伊都夫（2013）異文化理解入門：グローバルな時代を生きるための．研究社
原沢伊都夫（2014）多文化共生のための異文化コミュニケーション．明石書

95. ニューラルネットワークは、人間の脳神経系のニューロンを数理モデル化したもの。ディープラーニングと密接な関係にある。これには正解の入力によって問題を最適化する「教師あり学習」と、その教師データを必要としない「教師なし学習」の大きく２つのタイプがある。

96. VR（仮想現実）、AR（拡張現実）、MR（複合現実）とさまざまなデジタル現実が進化している。これらは、医療の手術や航空機操縦のシミュレーション、新たな自動運転のクルマの開発、デザイン開発などさまざまな領域で活用が期待される。

97. 経済産業省　商務・サービスグループ（2017）「キャッシュレスの現状と推進」を参照。

98. 音声翻訳機と呼ばれるもので、インターネットに接続型と非接続型、一方向型と双方向型などさまざまなタイプが登場している。その翻訳精度や反応速度は、AI経由の高速通信で年々進化している。価格面でもっと手頃になれば、より普及するだろうし、スマホなどに組み込まれれば、さらに敷居は低くなり、通常のコミュニケーション・ツールとして定着することだろう。

99. ペルソナとは精神分析学者ユングの唱えた説。古典劇における役者の仮面になぞらえて、人の外的側面を「ペルソナ」と呼んだ。外なる自己、外なる側面を説明する際に用いられる。逆に内なる側面は男性的側面をアニマ、女性的側面をアニムスと呼んだ。
以下を参考。
鈴木晶（1999）フロイトからユングへ：意識の世界．日本放送出版協会

100. Schramm, Wilbur（1980）Paradim lost in commumication theory-eastern and western perspectives. Edited by D. L. Kincaid & Akira Tsujimura.［中島純一訳（1990）コミュニケーション理論の東西比較．日本評論社］

【参考文献】（アルファベット順）

秋山邦久（2009）臨床家族心理学：現代社会とコミュニケーション．福村出版

安藤和代（2017）消費者購買意思決定とクチコミ行動：説得メカニズムからの解明．千倉書房

Dog owenership and the risk of cardiovascular disease and death「Scientific Report」 2017.11/17 Online version
また高齢者とセラピー犬とのふれあいにより、オキシトシンの分泌量が増加した事例の報告もある（大学 Time @Press 2019.4.26)。東京農業大学農学部動物介在療法学研究室と (株) ユニチャームの共同研究で、2019 年 4 月に第 15 回 IAHAIO の国際大会で発表された。

86. モノ学・感覚価値研究会は、「モノ」と「価値研究」をあらゆる角度と発想から考察し表現していく研究会。
以下を参照。
http://mono-gaku.la.coocan.jp

89. 概念メタファー説については、以下を参照。
Lakoff, George P.（1990）Women, fire and dangerous things :What categories reveal about the mind. University of Chicago Press.［池上嘉彦・河上誓作訳（1993）認知意味論：言語から見た人間の心．紀伊國屋書店］
Lakoff, George P. & Johnson, Mark（1980）Metaphors we live by. University of Chicago Press.［渡部 昇一・楠瀬淳三・下谷和幸訳（1986）レトリックと人生．大修館書店］

91. ここでの直接的類推法と主観的類推法という代表的な類型の他に、アナロジー研究者で、シネクティクス法（異質なものを結びつけて考える発想法の一種）を提唱した創造工学者の W. J. J. ゴードンは、アナロジーについて、擬人的類推、直接的類推、象徴的類推、空想的類推の 4 類型をあげた。

92. 平木典子の以下の著作を参照。
平木典子（2009）改訂版 アサーション・トレーニング：さわやかな〈自己表現〉のために．発行 日本・精神技術研究所／発売 金子書房
平木典子（2012）よくわかるアサーション：自分の気持ちの伝え方．主婦の友社

93. 二面提示法とは、社会心理学の態度変容研究の一つである説得的コミュニケーション研究の範疇に入る。二面提示法のプラス面とマイナス面をどちらを先に述べると効果があるかは、話し手と受け手との関係や立場、マイナス面を事前に知っているか否かなどの、さまざまな要素がある。

94. 林里奈・加藤昇平（2017）身体性が人工ペットとのふれあいによるセラピー効果に与える影響．日本感性工学会論文誌 Vol.16 No.1

動分析から、花粉症の流行を推定するソフト「花粉症ナビ」を開発した。自動分析にはAIが用いられる。

75. Condon, John C.（1980）Cultural dimensions of communication.［近藤千枝訳（1980）異文化間コミュニケーション．サイマル出版会］

77. Hall, E. T.（1966）：前掲（44）

78. 日本はしぐさ、身ぶり、雰囲気といったメタ言語とも言うべき非言語コミュニケーションを重視する高文脈文化であると、文化人類学者のホール（Hall, E. T.）は唱えた。

Hall, E. T.（1976）Beyond Culture. Anchor.［岩田慶治・谷 泰共訳（1993）文化を超えて．阪急コミュニケーションズ］

79. ポーラ文化研究所（2007）「現代女性の美しさへの意識」調査1
東京23区および政令指定都市に居住する20歳～59歳の女性2500名が調査対象。

80. 文部科学省 文化審議会（2007）「敬語の指針（答申）」について、美化語が新たに敬語として分類されたことが注目される。

81. ジャクリーヌ・ベルント「マンガが『文化』として担う役割」（Nippon.com 2012.4.25 ）を参照。

82. ホールの以下の著書を参照。

Hall, E. T.（1959）Culture is communication and commumicaton is culture.［國弘正雄・長井善見・斎藤美津子訳（1966）沈黙の言葉：文化・行動・思考．南雲堂］

Hall, E. T.（1976）：前掲（78）

83. 以下を参照。

厚生労働省（2004）平成16年度厚生労働省白書

公益社団法人 日本看護協会（2015）2025年に向けた看護の挑戦　看護の将来ビジョン：いのち・暮らし・尊厳を まもり支える看護

84. ドイツ語のAnamneseを由来としている。医療現場ではアナムネと呼ばれるもので、もともとは病歴を意味するものであるが、患者の家族構成や連絡先など幅広い情報を聴取すること。医師や看護師が行う。重要なコミュニケーション技法の一つである「傾聴」に相当する。

85. 犬と死亡リスクの関係について、家族のいる人で11％減少、単身者で33％低下すると報告されている。

61．Phillips, D. P.（1986）Natural experiment on the effects of mass media violence on fatal aggression. Advances in Experimental Social Psychology, Vol 19. Academic Press.
Barwise, Patrick & Ehrenberg, Andrew（1988）Television and its audience. Sage, London.
63．Le Bon, Gustave (1910)：前掲（11）
64．Rogers, E. M.（1962）Diffusion of innovation. The Free Press of Glencoe.［藤竹 暁訳（1966）技術革新の普及過程．培風館］
65．Riesman, David（1961）The lonely crowd. Yale University Press.
Riesman, David（1954）Individual recondered and other essays. Free Press.［牧野 宏ほか訳（1970）個人主義の再検討．ぺりかん社］
66．他人志向とは、社会学者のリースマン（Riesman, D.）が唱えた人の社会的性格の3類型―伝統志向型、内部志向型、他人志向型の一つであり、行動規範の価値観を周囲の人々に求める同調タイプとされる。
くちコミにおける二重心理については、以下を参照。

中島純一（2007）CMC における新たな“くちコミ”特性についての考察．Communication Inquire 電通総研
69．総務省（2018）　平成 30 年版情報通信白書の 2-2．ICT サービスの利用動向の中の「主なメディアの利用時間と行為者率」を参照。
70．Simmel, Georg（1911）Philosophische kultur gesammelte essais. W. Klinkhardt.［円子修平・大久保健治訳（1967）文化の哲学（ジンメル著作集）．白水社］
72．Schumpeter, Joseph A.（1912）Theorie der Wirtschaflichen Entwicklung. Quadriga.［塩野谷祐一・中山伊知郎・東畑精一訳（1977）経済発展の理論（上・下）．岩波文庫］
公益財団法人流通経済研究所　2017 年度“流行心理ゼミナール”テキスト（講師：中島純一研究顧問作成）を参照。
73．社会学者のリースマンは、その著『孤独な群衆（前掲（65）The lonely crowd)』の中で、経済学の製品差別化のメタファーを人の心理に当てはめて、わずかな差異が従来のモノとは異なる新鮮さや新たな魅力を産み出して、人の心を惹きつける要素になると提唱した。
74．奈良先端科学技術大学院大学は、2018 年にツイッターのつぶやきの自

Gibson, J. J.（1979）The ecological approach to visual perception. Houghton Mifflin.［古崎敬ほか訳（1985）生態学的視覚論．サイエンス社］
53. ウォーレンとブランダイス共著の「プライバシーの権利」が 1890 年に発表され、初めて“プライバシーへの権利”という概念が打ち立てられた。今日では、「自己に関する情報をコントロールする権利」として知られているが、ウォーレンとブランダイスは、「一人にしてもらう権利」と唱えていた。
Samuel D. Warren & Louis D, Brandies（1890）The right to privacy.4 Harv,L. Rev. 193.
54. Gibson, J. J.（1979）：前掲（52）
55. Norman, D. A.（1988）The psychology of everyday things. Basic Books, NY.［野島久雄訳（1990）誰のためのデザイン？：認知科学者のデザイン原論．新曜社］
56. アメリカの知覚心理学者のジェームズ・ギブソン（Gibson, J. J.）は、環境が私たちの知覚と行動に影響を与えるものとしてアフォーダンスを提唱した。建物に代表される物理的な環境が、私たちの知覚や心理に影響を与えるという考え方は、環境心理学的な環境をデザインするという考え方と重なるところが大きい。
57. 参照：朝日新聞 2009 年 11 月 18 日全国版朝刊
2009 年 11 月 14 日に、来日したオバマ米大統領が、天皇・皇后両陛下に面会した際に深々とお辞儀をした事に対する、日米の反応の違いを報じたもの。日本では好意的で「非常に礼儀正しい」とされたが、アメリカでは保守系メディアを中心に批判が生まれた。
58. 色・形分類検査法によると、人は 4 歳半くらいまでは色視型が多く、9 歳頃になると大半の子どもが形視型になりそれ以降大人になっても変わらない傾向が示される。一般的には、モノが人に与えるアフォーダンスで優先するものは、“かたち”と考えられる。それゆえ消費者が商品を選択する際に、「スタイル（形）→色」となりやすい。これに価格あるいはブランドといったアフォーダンスもあり、人によってはその優先度は異なる。
59. 正村俊之（2001）コミュニケーション・メディア：分離と結合の力学．世界思想社
Foucault, M.（1975）Surveiller et punir: Naissance de la prison. Gallimard.［田村淑訳（1977）監獄の誕生：監視と処罰．新潮社］

マンウォッチング：人間の行動学 . 小学館］

35. Argyle, M.（1969）Social interaction. Tavistock Pub.

Argyle, M. & Dean, J.（1965）Eye contact, distance and affiliation. Sociometry, 28.

Mehrabian, A.（1972）Non-verbal communication. Aldine-Atherton Chicago.

36. Morris, Desmond (1977)：前掲（34）

37. Hess, E. H.（1975）The tell-tale eye. Van Nostrand Reinhold co.

39. Mehrabian, A.（1981）Silent messages: Implicit communication of emotion and attitude（2nd ed.）Wadsworth Pub. Co.

41. Mehrabian, A.（1981）：前掲（39）

42. エスカレーターの片側並びについては、空いている側を足早に歩くために、接触や衝突による事故や危険性が指摘されている。2019 年夏には、首都圏の JR や私鉄各社が、2020 年の東京オリンピック・パラリンピックの混雑に伴うリスクに備えて、両側並びのキャンペーンを本格的に開始した。

43. Benedict, Ruth（1967）The chrysanthemum and the sword：Patterns of Japanese culture. Houghton Mifflin Co., Boston.

Morris, Desmond（1977）：前掲（34）

土居健郎（2007）「甘え」の構造〈増補普及版〉. 弘文堂

44. Hall, E. T.（1966）The hidden dimention. Doubleday Anchor.［日高敏隆・佐藤信行訳（1970）かくれた次元．みすず書房］

45. Hall, E. T,（1966）：前掲（44）

46. Sommer, R.(1969）Personal space. Prentice-Hall.

50. ホーソン実験：ハーバード大学の Mayo, G. E. らを中心に、Western Electoric 会社のホーソン工場で 1927 年から 1939 年にかけて行われた一連の実験や調査。生産性や効率性においては、物理的環境よりも工場内の人間関係が重要な要素であることが報告され、産業心理学や社会心理学の研究に大きな影響を与えた。

52. 井上芳光（2004）子どもと高齢者の熱中症予防策．日本気象学会雑誌 第 41 巻 1 号

佐藤隼・村上暁信（2011）公園内の熱放射環境と幼児の行動から捉える熱中症の危険性．ランドスケープ研究　74 巻 5 号

edition.［桜井成夫訳（1993）群衆心理．講談社］

12. Web2.0 とは、2000 年中盤以降、2010 年くらいまでによく用いられた表現。オライリーメディアの創設者で実業家であるティム・オライリー（Tim O'relly）らによって提唱された。従来の Web 上で提唱されてきたコミュニケーション・サービスとは異なり、ユーザー自らが発信して作り上げていく CGM（消費者生成メディア：Consumer Generated Media）など、新たなコンセプトとしてとらえられた。

15. Allport, G. W, & Postman, L.（1946）The psychology of rumor. Henry Holt & Co.［南 博訳（1952）デマの心理学．岩波現代叢書］

18. テレビを基幹メディアとする既存のマスメディアによる一方的な大量伝達の広告手段に対し、SNS の発達により、個の発信ができるようになり、またピンポイントのターゲット広告も広がってきた。アルファブロガーは、別名インフルエンサーと呼ばれ、数多くのフォロワーを抱えて、社会的に大きな影響力をもつとされるブロガーを指す。

21. 総務省（2018）：前掲（1）
VDT 症候群（Visual Display Terminal Syndrome）：スマホやパソコンのモニターを長時間見続けることにより、目や身体に影響のでる症状。

22. テレビ放送は、電波法と放送法の規制を受ける。スマホに関しては、メディアとしてさまざまな機能があるゆえに、その特性に応じた分野の法的規制を受けることになる。クルマや自転車に乗車の時は、道路交通法の適用を受ける。また飛行機内での使用は、原則として航空法の適用下にある。歩きスマホについては、2017 年にアメリカのニュージャージー州で規制の対象となったように、今後同様の動きが出てこよう。

25. Bruner, J. S. & Goodman, C. C.（1947）Values and need as organizing factors in perception. Journal of Abnormal Social Psychology.
南 博（1957）体系社会心理学．光文社

29. Lippmann, W.（1922）Public opinion. Macmillan.［掛川トミ子訳（1987）世論（上・下）．岩波文庫］

30. Kahneman, D., Slovic, P., & Tversky, A,（Eds.）（1982）Judgement under uncertainty: Heuristics and biases. Cambridge University Press.

34. Morris, Desmond (1977) Manwatching : A field guide to human behaviour. Elsevier international projects, in co-operation Cape.［藤田統訳（1980）

【参照文献】（数字は、本文当該章番号）

1. 中島純一（2013）スマホ依存症を考える．品川区医師会報
ジャストシステム　Fastask より（2012）スマホ依存に関する実態調査
(株)NTT ドコモ　モバイル社会研究所（2018）スマホ・ケータイ利用トレンド　2018 − 2019　ケータイ社会白書．中央経済社
総務省（2018）平成 30 年版 情報通信白書
2. 中島調査（2019）：首都圏の若者 213 人（平均 21.4 歳）を対象としたメディア調査。調査期間は、2019 年 4 月から 5 月の 2 か月。留め置き調査法による定量調査と一部ラダリング法による深層面接調査も併用。
4. 中島調査（2019）：前掲（2）
5. Young, Kimberly S.（1994）「インターネット依存尺度」VAS 調査
研究代表者：橋元良明、東京大学情報学環（2011）ネット依存の若者たち、21 人インタビュー調査
中島調査（2012）「スマホ依存実態調査」首都圏と関西地区の男女（平均 24.7 歳、男子 125 名、女子 131 名）に対して行った定性調査。調査期間は、2012 年 7 月から 8 月の間に実施。
スマホ依存チェックリストは、中島が 2012 年に週刊文春（2012 年 10 月 22 日号）に発表。同年 11 月に NHK の全国ネット「ゆうどきネットワーク」の番組で取り上げられて放映される。
7. 中島調査（2006）：首都圏と関西地区の男女（平均年齢 23.1 歳、男子 61 名、女子 60 名）計 121 名に対して、深層面接調査（手段目的連鎖モデルによるラダリング面接法）にて行った定性調査。調査期間は 2006 年度 1 月 10 日より 2 月 20 日の間に実施。
9. Kanouse, D. E., & Hanson, L. R., Jr.（1987）Negativity in evaluations. In E. E. Jones, D. E. Kanouse, H. H. Kelley, R. E. Nisbett, S. Valins, & B. Weiner (Eds.), Attribution: Perceiving the causes of behavior（pp. 47-62）. Hillsdale, NJ, US: Lawrence Erlbaum Associates, Inc.
10. Asahi パソコン 4 月第 1 号（1989）朝日新聞社
11. Tarde, Gabriel (1907) Les lois de l'imitation. Etude sociologique, 5 edition.［風見八十二訳（1924）模倣の法則．而立社］
Le Bon, Gustave (1910) Psychologie des foules. Felix Alcan Editeur, 15e

［著者略歴］

中島　純一（なかじま・じゅんいち）

福岡県出身の東京育ち。
1979 年東京大学大学院教育学研究科後期博士課程単位修得満期退学。
1987 年東京大学大学院社会学研究科後期博士課程単位修得満期退学。
青山学院大学、明治学院大学、防衛大学校、東海大学助教授、学校法人同志社・同志社女子大学教授を経て、2015 ～ 2019 年公益財団法人流通経済研究所の研究顧問。
2017 年から中央学院大学現代教養学部教授。
1996 年から 1 年間、東京大学社会情報研究所の専任研究員として出向。
2006 年から 1 年間、東京大学大学院情報学環メディア・ジャーナリズム学域の客員研究員、ならびに電通総研の客員研究員として出向。
2016 年から 1 年間、専修大学商学部客員教授。

専門は、メディア・コミュニケーション論および社会心理学。メディアと人との社会的相互作用、コミュニケーション論、流行理論を主たる研究領域とする。

主要著書・論文
『コミュニケーション論の東西比較』（日本評論社、単独訳と訳者解題論文）、『増補改訂版メディアと流行の心理』（金子書房）、『お嬢さんの感覚学―現代女性の意識と行動』（ビジネス社、共著）、『メディア変容と流行』「ネットワーク社会」（叢書：現代のメディアとジャーナリズム第 2 巻、ミネルヴァ書房、共著）、『進化するメディアの新たなコミュニケーションと消費者行動』（通信販売年鑑、宏文出版、共著）、『人間の開発と社会』（第 1 回佐藤栄作賞受賞論文、文部省・外務省・国連大学後援）など多数。

日本社会心理学会、日本ダイレクトマーケティング学会（理事、会長：2014 ～ 2019 年）、日本マーケティング学会等に所属。

増補改訂版 コミュニケーションと日常社会の心理
100 のエピソードから読み解く

2019 年 10 月 29 日　初版第 1 刷発行　〔検印省略〕

著　者　中島純一
発行者　金子紀子
発行所　株式会社　金子書房
〒 112-0012　東京都文京区大塚 3-3-7
電 話　03(3941) 0111(代)　FAX　03(3941)0163
振 替　00180-9-103376
URL　http://www.kanekoshobo.co.jp
印刷・製本　藤原印刷株式会社

ISBN978-4-7608-2428-1　C0011　Printed in Japan